間違いだらけの仕事の習慣

小宮一慶

青春出版社

成功する人は、「自分は弱い」と思っている

文庫版のための「はじめに」

私は、松下幸之助さんの『道をひらく』という本を、東京の自宅にいる時には寝る前に必ず数ページ読むことにしています。小さい本ですので、そういう読み方をしても年に五、六回は読めます。もう、そういう習慣を二十年以上続けているので、百回以上読んだことは間違いありません。

私が、なぜ松下さんの本を毎日読むのかというと、松下さんの考え方や生き方を自分のものにしたいからです。私は仕事柄、企業経営者などから、いろんなことの判断を依頼されます。役員や顧問をしている会社も多くありますから、そこでも多くのことを決定しなければなりません。中には、「自社を売却する」といった判断に何度か関わったこともあります。

そのような判断をする際に、間違った判断をすると、働く人だけではなく、多くの人に迷惑をかけることにもなりかねません。ですから、可能な限り、自分のベストですが「正しい」と思える判断をしたいと思っています。そのためにも、松下さんの本を毎日読んで自分の考え方の軸をずらさないようにしているのです。

もちろん、松下さんの本を読み続けているのは、自分が成功したいからということもあります。二十世紀の日本で最も成功した経営者の考え方を、その何十分の一かでも身につけられれば、自分や自社の成功につながりやすいと考えているからです。


一生懸命頑張っているのに結果がなかなか出ない人がいます。結果が出ないとなかなか頑張りも続かないので、そのうちあきらめてしまうことも少なくありません。中には、頑張り続ける人もいるでしょうが、それでも結果が出ませんから、周りから評価されることもなく、また、周りとの関係もしだいにぎくしゃくしていくことにもなりかねません。

結果が出るためには、「正しい努力の積み重ね」が必要です。ここにはキーワードが二つあります。

一つは**「正しい努力」**です。間違った努力や習慣をいくらやっても結果は出ないどころか、間違った結果が出ることがあります。そこには、思い違いもあるかもしれません。

さらには**「積み重ね」**も必要です。努力や習慣をある一定数積み重ねないとやはり結果が出ないのです。

積み重ねが足りなくて結果が出ない人は、現在の努力を繰り返しているうちに、必ず周りから評価されますから、それを毎日コツコツと繰り返すことです。一方、間違った努力や間違った習慣を持っている人は、まずそれを変えない限り、うまくいく可能性はほぼありません。

私は経営コンサルタントという仕事柄、多くの人たちを見てきました。その中には、一代で上場企業を築いた経営者もいれば、せっかく軌道に乗りかけた会社を倒産させてしまった人もいます。どちらも、一見、前向きに努力しているようには見えましたが、ちょっとした習慣や努力が違いました。どちらも会社を大きくして利益を出そうと思っていましたが、片方は現実にそうなり、一方はそうではありませんでした。

本書では、そのちょっとした努力や習慣の「勘違い」について説明するとともに、何が正しい考え方や習慣なのかということを説明しています。

本書を読んで本当の意味で成功するビジネスパーソンが増えることを心より期待しています。

小宮一慶

はじめに

私の仕事は経営コンサルタントですが、自分の仕事は「人に成功してもらうこと」だと思っています。

別にこれは良い格好をして言っているわけではありません。私の顧客企業、そこで働く方々、私の講演を聴いていただく方、そして私の本をお読みいただく方たちが成功されれば、私の評価も上がり、私も成功に近づくからです。ですから、私にとって「成功」というのは、ある意味ライフワークの研究対象なのです。

仕事がら、成功した人や失敗した人をたくさん見てきましたが、その差は実はそれほど大きくありません。ただ、少しだけ差があるのも事実です。

ひとつは「**考え方**」の差です。ものごとを前向きに考えられるかどうか、起こったことを受け容れられるかどうかといいかえてもよいと思います。

そして、もうひとつは、**他人のことも思いやれるかどうか**ということです。自己中心的な人は成功しません。

さらには、本書でも出てきますが、**ひとつのことを徹底してやれるか、ここまでで良いと思わずに「一歩踏み込む」ことができるかどうか**です。

そしてもうひとつ大切なことは、考えていることを「行動」に移すことです。**正しい考え方を身につけた上で、それを「小さな行動」として積み重ねていくこと**が大切なのです。

五ページでも述べましたが、私はよく講演などで、成功するには「正しい努力の積み重ね」が大切だということをお話しします。まず、「正しい努力」とは何かを知らなければなりません。プロ野球選手になりたい人が、毎日必死で水泳を練習してもプロ野球選手にはなれないのです。しかるべき野球の練習をしなければなりません。

本書では、まず、成功するための正しい考え方と、正しい行動を実践する大切さを皆さんに学んでいただきます。つまり正しい努力とは何かをお教えします。各項目の冒頭で、報われない、つまり間違った習慣や思い込みを指摘し、なぜそれが間違いか、正しい考え方とはどういうものかを説明しています。

多くの方が、すごく努力をされているのですが、それが「自己流」になっていて、本当は得られる成功を得ておられないのを見るのが、とても残念でなりません。

本書は、その正しい考え方や正しい努力をお教えするのが目的です。
そして、後は、皆さんがそれを毎日の小さな行動で積み重ねていくことです。コピー用紙の束は、厚さ〇・一ミリあるかないかの紙を五百枚、千枚と積み重ねたものですが、毎日コツコツと習慣づけて正しい考え方や正しい行動を積み重ねていけば、必ずどこかで成功に到達します。逆に、正しくない考え方や行動をいくらしても、成功に到達することはありません。

私は、本書で、皆さんがどういう考え方を持ち、どういう行動をすればよいかをアドバイスしています。私は、ある意味、皆さんが成功するためのコーチです。正しい努力とは何かをお教えしています。

しかし、それを積み重ねるのは、私ではなく、皆さんです。皆さんが成功するためには、自分自身で積み重ねていくしかありません。そして、**正しい努力とは何かを知り、それを積み重ねていけば、必ず、自分がめざすものに到達することができると思います。**
ぜひ、がんばってください。

間違いだらけの仕事の習慣　目次

第2講 「時間」についての間違った習慣 43

第3講 「原理・原則」についての間違った習慣 61

第4講 「収入・お金」についての間違った習慣

第5講　「勉強」についての間違った習慣　103

第6講

「目標」についての間違った習慣 125

第7講 「リスク」についての間違った習慣 155

第8講 「働き方」についての間違った習慣 173

第1講

「性格」についての間違った習慣

× できる人はめったに怒らない

「できる人は、器が大きい。穏やかで、気分の上下がなく、落ち着いていて、めったに怒らない。小物に限ってすぐがみがみ言う」――そう考えて、ミスした後輩を叱りたいのをグッと抑えてストレスを溜めたり、手間をいとわず自分のミスを指摘し、ときには叱責してくれる上司を馬鹿にしたりしていませんか？

仕事上でお付き合いした成功者の方々を見ても、「めったに怒らない」というタイプはほとんどいません。

できる人は「せっかち」です。

「せっかち」というと、マイナスのイメージが強いかもしれませんが、そうではありません。確かに、悪い「せっかち」は、周囲を巻き込んで浮足立たせてしまいます。上司がこの悪い「せっかち」になると、部下に余計なプレッシャーをかけて、組織全体のパフォーマンスを落としてしまいます。

良い意味での「せっかち」は、そうではありません。いいかえれば、動きが早いのです。そして、自分の心の中ではせっかちでも、周囲にはそれを感じさせません。先延ばしせず、目の前の仕事を、手を抜かずにできるだけ早く片づけようとします。

できる社長は、私が同席している場合でも、重要な案件をその場で決裁している場面をよく目にします。「明日考えればいいや」という先延ばしの習慣は持っていません。よほど難しい案件は別として、成功した人の行動は、ほぼ例外なく早いといっていいでしょう。

いいかえれば、「直観」で判断し、行動しているわけです。もっとも、「直観」といっても、経験のない人が当てずっぽうで結論を出すのとは違います。

成功者は、これまでの経験や勉強をもとにして、確固とした原理原則を持っています。それにのっとって判断するので、大きく間違えることはありません。

◎報われる人の習慣7 信念のある人は怒る

そして、せっかちなだけでなく、信念があるから怒るのです。自分の私利私欲ではなく、良い仕事をしたいという良い欲が信念となり、それに反することに憤りを感じるのです。

松下幸之助さんは、相手が気絶するほど怒ったと言われています。

そうした様子を見ていると、「できる人は怒らない」というのは誤りで、「本当にできる人は怒る」というのが正確だと思います。

× 細かいことにこだわらない方が大きな仕事ができる

細かいことにこだわらない人の方が、大きな仕事ができそうな気がしませんか？
ところが、会社をつぶす社長というのは、じつは「大ざっぱ」なタイプです。**明るく元気、大ざっぱで見栄っ張り——私が見てきた「会社をつぶす社長」は、例外なくこれです。**

もちろん、明るく元気なのは悪いことではありませんが、大ざっぱで見栄っ張りはいけません。景気が良かったころは、「大ざっぱ」と「見栄っ張り」の両方が重ならない限り、会社をつぶしませんでしたが、最近では片方だけでも危険です。

というのも、特に見栄っ張りの人は、いったんいい暮らしをしてしまうと、なかなかレベルを落とせません。会社というのは、ある程度長くやっていると、信用ができて銀行がお金を貸してくれます。

こうして見栄を張るために、借金でまかないだしたら地獄が見えています。もちろん、業種によっては、一時的に運転資金や設備投資資金を借りる必要がありますが、経営者の暮らし自体を借金でまかなってはいけません。

それに対して、**良い会社や成功した人は、不要な見栄を張らないし、きめ細かいのです。**

細部や見えないところまで、きめ細かく気を配っています。これは仕事の内容だけでなく、意外なところにもうかがえます。

例えば、お客様に出すお茶もその一つ。良い会社は、気を配っています。見栄ではなくて、もてなす心から来ているものです。来客が一時間以上滞在しているなら、当然お茶を入れ替えますが、その際にも、お茶の種類をかえるなどです。本当に気のきく会社では、メニューを置いているところもあります。

それで、「お茶がおいしい、この会社は細かいところまで気くばりが行き届いている」と感心してくれる方がいればうれしいし、会社や経営者への評価も高まります。気くばりや細部へのこだわりも大切なのです。

さらに、一流の人はきめ細かさに加えて、大胆さを備えています。

大ざっぱと大胆は違うことに注意してください。

リスクや細かいことを考えないで突っ走るのが「大ざっぱ」。それに対して、きちんとリスクを計算した上で、最後は思い切りよくやってのけるのが「大胆」です。

◎報われる人の習慣2

一流人はきめ細かく大胆である

× 成功者は誰にでも優しい

成功者に共通する性格として、謙虚で細やかな気遣いがあることは、前にも述べた通りです。

もう一つ加えるとすると、**「気前がいい」**という共通項があります。

最近は、上下関係を感じさせないフレンドリーな上司が良いと勘違いしている人が多いからか、上司と食事に行ったら十円単位まで細かく割り勘にされたという、信じられない話を聞くことがあります。こういう上司は、成功するとは思えません。

成功者にケチケチしている人はいません。お金の使い方をよく知っています。節約はしますが、使うべきところにはきちんとお金を使うのです。

有難いことに、私も顧問先の社長さんからよく食事をご馳走してもらっています。本来ならコンサルタントの仕事を受注しているこちらが奢らなくてはいけないのですが。

では、成功者は誰にでも優しく、気前がいいかというと、けっしてそんなことはありません。じつは、人をシビアに見極めます。

一流ではない、あるいは将来一流になる可能性がない、ともに成長していこうという価

値観を共有できそうにないと思われてしまうと、あっさり見切られてしまいます。特に、自己中心的な人、自意識過剰な人を嫌います。

成功している人は、自分の生き方をきちんと知っています。何が本質か、何が本当に大事なことかという価値観がしっかり確立され、何は不要でくだらないかを知っています。だからニセ物はすぐに見抜かれ、見切られてしまう。

その結果、成功し続けている人の周りには、「類は友を呼ぶ」という言葉がそのまま通用するほど、良い人が集まるのです。

もちろん、二流の人が、この「素早い見切り」の真似をしたら逆効果です。価値観がしっかりしていないと、良い人まで見切ってしまうからです。

もちろん、直接の利害関係がなくても、話をして気分がいい人、また会いたいと思った人には奢っているのだと思います。でも、そうでない人には奢らない。**気はいいけれども、意味のないところには、お金を使わない。そこが、大ざっぱな見栄っ張りとは違う点です。**

若い人には、一流人から認められる人になってほしいと思います。

◎報われる人の習慣3 成功者は、ダメな人の見切りが早い

✕ 一流人は周囲を威圧する

今日、これからあなたは、ビジネス界で名の通った超一流人と会うことになったとします。

おそらく、「超一流の人だから、周囲を威圧するオーラが出ているんだろうな」と考えて、緊張するのではないでしょうか？

ところが、会ってみると驚くと思います。まず例外なく、**一流の人ほど謙虚で、おじぎが深い**からです。その一方で、**たいしたことのない人ほど、傲慢、威圧的で自己中心的です。**

一流の人ほど、別れ際は、ほぼ例外なく出口まで来て、ていねいにおじぎをして見送ってくれるのです。たいしたことのない人は、部屋の中で「じゃ、ここで」でおしまい。成功している人の方が深く頭を下げ、態度もずっと謙虚だというのは興味深いことです。

まさに、「実るほど頭《こうべ》を垂れる稲穂かな」の言葉通り。しかも、けっして慇懃《いんぎん》無礼《ぶれい》ではなく、心からの表現であることが、きちんと伝わってくるのです。

おそらく、「自分が成功を収めたのは、自分一人の力ではない」と身をもって知っていて、人の大事さが骨身にしみているのでしょう。

そして、本当に偉い人は、自分自身に弱い面があることを知っていますから、どんな人に対しても謙虚になるのでしょう。レベルが上の人ほど、さらに上には上がいることを知っているために、威張りません。

成功するから頭が下がり、頭が下がるからさらに成功する――良い循環になるわけです。

そもそも、経営者は謙虚でないと成功できないと私は思っています。謙虚さは素直さにつながるからです。

というのも、経営者にいくら知識や経験があっても、自分の持ち合わせていない能力や技術がいろいろと必要になります。その部分をサポートしてもらえるように、謙虚な態度で多くの人に接しないことには、良い経営はできないからです。

その点でいうと、何でもできるスーパーマン的な人は、意外と経営者として成功していません。人をうまく使うためには、やはり謙虚さが必要です。なまじ自分が「できる」と思ってしまうと、他人がみんなバカに見えてしまって、成功し続けることができないのです。

◎報われる人の習慣4

一流人ほどおじぎが深い

✕ 今の世の中、「むさぼる」くらいでないと成功しない

不況が続いて、大半の企業では給料もボーナスもなかなか上がりません。そのためか、「こんな時代だから、遠慮していてはダメだ。ガツガツして『むさぼる』くらいでないと成功しない」と考える人が増えているような気がします。

お客様と営業パーソンの関係を見ても、お客様から「少しでも多く儲けてやろう」という気持ちが見え見えのことがよくあります。あれこれオプションをつけたり、金額が高くなる取引を提案したりするわけです。

でも、それで本当に成功するでしょうか。むしろ、逆効果なのです。

お客様の立場になればすぐ分かります。

「この人は少しでも多くふんだくろうとしている」と感じたら、誰だって嫌でしょう。取引の数量を減らそうとしたり、少しでも値切ろうと思うわけです。

それよりも、「儲ける気がないのかな？　サービスしすぎて損しているのかも」と思ってもらった方が、ずっとプラスになります。お客様は得した気分になって「少し取引数を増やしてもいいかな」、あるいは「次回も、ぜひこの人と取引をしよう」と思うわけです。

こんな話を聞いたことがあります。

相手に「十あげる」と言ったときに、決まって「十二くれ」という図々しい人がいたとします。そうしたら、あげる方はどう考えるか。「この人はいつも十二くれと言うから、八だけあげることにしよう」と思うのが自然です。むさぼられるのを警戒して、少なめに言うわけです。そうすれば、ごり押しされても、ちょっとプラスして十あげて終わりです。

逆に、十あげると言ったときに、「いや、八でいいです」と言う謙虚な人はどうでしょう。「そんなこと言わずに十取ってください」、さらには、**「十二ぐらいにしないと十取らないだろうから、この人には、十二あげることにしよう」**となるわけです。

戦後すぐのような、モノもお金もない時代ならば、むさぼらないと生き残れませんでした。遠慮していたら、何も残らないからです。

しかし、現代の日本は、じつはお金も物もひどく余っています。そんな時代には、むさぼってはいけません。**後でもらった方が多くもらえる**のが鉄則なのです。

◎報われる人の習慣5

むさぼる人間は少なくしかもらえない

✕ 人生、何度かつまずくのは仕方ない

人生は何度かつまずくものだというのはある面、真理です。

しかし、つまずいてもいい、人生何度かつまずくのは仕方ないと、つまずく前から考えているのは間違いです。

松下幸之助さんは、著書で「七転び八起き」という考え方ではダメ、と書いています。**「七転び八起きとは、七回転んだ人への慰めの言葉である」**というのです。

私はこの言葉を読んで、目からうろこが落ちました。確かに、**最初から「七回は転んで良い」などと思っていたら、まともな成果など上がりません。**

人生は真剣勝負で臨むものなのです。

当然のことながら、真剣勝負というのは一回斬られたら終わりです。竹刀で防具をつけていれば、斬られても斬り返せますが、真剣勝負ならそうはいきません。真剣勝負であるからこそ、もし失敗してもその失敗を次に生かせるのです。

人生もビジネスも同じです。

「七転び八起き」では、良い仕事はできません。毎回毎回、「ラストチャンス」と思って

やらなくては、人が評価してくれるような成果は出せないのです。

サッカーでも、シュートするときは「絶対決める！」と思って蹴っているはずです。「今回は外していいかな」と思ってシュートしているでしょうか？　真剣勝負をするから、大勝負に勝ったら、感極まって泣くのです。ワールドカップでブラジルやスペインに勝ってクールでいられる選手はまだまだ二流だと、私は思います。

本当に成果を出すのは、クールな人ではなくて「泣ける人」です。

明治の元勲はよく泣いたといいます。明治維新直後の混乱した情勢のなかで、彼らはことあるごとに感極まって抱き合って泣いたそうです。感動できる人なのです。

今の人は、泣くことを格好悪いと思っているかもしれませんが、けっしてそんなことはありません。本当に感激したときには涙を流すくらい仕事に打ち込んでいる人の方が、信用できるし、大きな成果を残すのではないでしょうか。

◎報われる人の習慣6

「泣ける人」の方が大きな成果を出す

✕ ネガティブに考えてしまう癖が直らない

世の中には、ものごとを悪い方に悪い方にと考えてしまう人がいます。

特に、大きな失敗経験がある人はネガティブに考えがちです。しかしそれは本人にとっても苦しいし、周囲にとっても迷惑なもの。良いパフォーマンスを出すためにも、そういう自分を打破しないといけません。

では、どこをどう修正していけばよいのでしょうか。

ネガティブ思考の人の問題点は二つあります。第一は、考えなくてもよいムダな方向、悪い方向に「考えすぎ」であること。考えすぎて行動に移せないことです。

もう一つは、「自分を悪く見るだけではなく、人の悪いところも見ようとすること」です。

自分に自信がないから、人をけなして、安心しようとするわけです。

この点に注目して私が考えた「ネガティブ思考解消法」は、人をほめることです。意識して「人をけなす」の反対をするわけです。

人をほめようとすれば、人の良いところを見ようと努力します。もちろん、どんな人でも、良い面とそうでない面がありますが、良い面を積極的に見るわけです。これが、積極

思考――ポジティブ思考につながるのです。

もちろん、ほめるときには、心の底からほめることが重要です。先にも触れましたが「ほめる」と「おだてる」は、まったく違います。「おだてる」は、相手の良い面を積極的に見ようとするのではなく、ダメな面でもなんでもいいから、とにかく持ち上げておこうという態度で、いずれ相手に見透かされます。

相手の良い面を見つけそれをほめることで、自分を少しずつ改造していくわけです。意外に思われるかもしれませんが、実際にやってみると、非常に効果的であることが分かるでしょう。相手を真摯にほめると相手から好かれます。

ネガティブに考えすぎの人は、相手の良いところを見つけたり気持ちを言葉にすることに消極的になりがちです。そういう性格をいきなり変えようとしても、一朝一夕にはいきません。

しかし、この方法は、「相手をほめる」という簡単な行動を習慣にするだけで、驚くほど考え方ががらりと変わっていくのです。

◎報われる人の習慣7

人をほめることでポジティブ思考が身につく

× 世間や他人に興味がなくても仕事ができればいい

「他人には興味がない」と言う人がいます。

彼は「世間や他人に興味がなくても、仕事がきちんとできればいいじゃないですか？」と言う。その通りならよいのですが、残念ながらこれでは一流にはなれないし、実際にはたいした仕事もしていないことが多いのです。

世間や他人に関心がない人は、本人にはそんなつもりはないかもしれませんが、裏を返せば自己中心的になってしまっているのです。結果的には自分にしか関心がない、という状態になっている。

しかし、**「悪気はないが、他人や社会には興味がない」という人が、他人や社会が評価し、そこからたくさんの報酬をもらえるような仕事をできるでしょうか？ これは少々矛盾した話なのです。**

私が出会った成功者たちは、「世の中にいつも興味を持っている」という共通点があります。仕事に直接関係がないことでも強い関心を持っている。新聞をよく読んでいるし、欧州の債務問題にも、南米の小さな国の政治事情にも興味を持っています。評論家的にではなく、**「自分が当事者だったらどうするか」「こういう事態に陥ったらどうするか」**と常に自分に置き換えて、自分の事業にプラスにしようという視点で見ているのでしょう。成功する人には、「他人のことでも自分のことのように考えられる」という共通点があります。

違う見方をすれば、今の時代、世の中全体の動きを見ていないと、あっという間に業界もろとも消えてしまうことさえあります。**他人や社会、時代の動きに無関心でいると、社会から忘れ去られてしまうのです。**

そうならないためにはどうしたらいいでしょうか？

まずは身近な人に関心を持つことです。そのためには、前項で紹介した「人をほめること」も効果的ですが、世間にも他人にも関心のなかった人が、いきなり他人をほめるのはハードルが高いかもしれません。そこで、お勧めしたいのは、**まず日常のあいさつをきちんとすることです。「自己中」な人は、総じてあいさつができていません。**

私の会社では、人が出かけるときは、必ず「行ってきます」「行ってらっしゃい」とあいさつします。帰ってきたら「ただいま」「おかえりなさい」。宅配便の担当者にも「お疲れさまです」。普段のあいさつは、単なる職場の潤滑油という意味だけでなく、あなたが社会への関心を保つための効果的な手段でもあるのです。

◎報われる人の習慣8
接する人にあいさつする

✕ できない理由を考えてしまう

あなたの周囲には、こんな口ぐせの人がいませんか？

「そうは言っても……」

「現実的には……」

「ハードルが高い……」

新しいことをしようとするときに、二言目にはこうしたことを言う人がいます。これはマイナス思考の表れです。始める前から「できない理由」を考えてしまう。

いろいろと考えて細かいことにこだわるあまり、**実行に移すことに臆病になっているわけです。**

考えないのもダメですが、ネガティブに考えすぎてもダメなのです。

慎重なのは悪いことではありませんが、実行に移さないでいれば、何も起こりません。**結果も出てきません。だから成功体験もないので、自信が持てず、さらに臆病になるという悪循環に陥ってしまうわけです。**

こういう考え方は、何十年にもわたって自分にしみついたものですから、簡単には変えられません。

変える方法は一つ。普段の習慣を変えてみることです。習慣を変えることで、意識を変える。そして、意識を変えることで、考え方を変えていくわけです。

そして、「できない理由」ではなく、「できる理由」を考える癖をつけなくてはいけません。そのためには、とにかく「やってみる」という体験を持つことが必要です。

例えば、朝三十分、どこかで勉強する習慣をつけるといいでしょう。早めに家を出て、会社の近くにあるカフェで、始業前の三十分を勉強にあてるのです。これは実行するという習慣とともに勉強もできますから一石二鳥です。

電車の中で新聞を読んで最新の情報を集め、次に三十分間、カフェで勉強する。これを一年でも続けていけば、やらない人とは圧倒的な実力の差がつきます。確かな達成感も生まれます。

こうして自信がつけば、「そうは言っても……」などという口ぐせは自然と口をついて出なくなっていくはずです。そして、その習慣を二年、三年と重ねていくこと自体が、成功体験になります。

◎報われる人の習慣9

できる理由を考える癖をつけるためにまず何かを始めよう

✕ 空気を読んで周りに合わせてしまう

「私は、場の空気を読んで、つい周りに合わせてしまうんです。こんな臆病な性格はどうしたら直せるでしょうか？」

——こういう相談を受けたことがあります。

若い人の中には、ついその場の雰囲気に押されて、自分の意見を主張しないで終わらせる人が少なくないようです。余計なことを言って、「空気を読まないやつだ」と非難されることを恐れているのでしょう。

気配りは良いことなのですが、周りの空気を気にしすぎるのは良くないことです。「空気を読みすぎる臆病な性格」といいますが、「これを言ったら変に思われるのではないか」「余計なことを話して嫌な思いをするのではないか」と考えるのは、もしかしたら空気を読んでいるのではなく、自分のことが大事で、自分を守ってしまっているのかもしれません。

「空気を読みすぎる」とか、臆病とか、人がいいのではなくて、むしろ自意識過剰、自己中心的になってしまっているとしたら、気をつけなくてはいけません。あるいは自分にし

つかりした意見がないのかもしれませんね。

「空気を読む」というのは、人によってニュアンスの違いはありますが、一般的には、「周囲に気をつかう」とほぼ同義語と考えてよいでしょう。よくも悪くも、全体がどう動いているかをしっかりと見て判断することを言うのです。これは良いことです。**単に周りに合わせてしまうのは、付和雷同です。**

では、どう修正すればよいのでしょうか。

原因が「自己中」の場合には、先にも説明したように、チームや会社全体に広く関心を持つことです。

自分に意見がなくて付和雷同している場合には、やはり昔から読み継がれているような本を何度も読んで、自分の「哲学」をつくっていくことが必要です。

そうすることで、何が本当に会社や組織にとって価値があるのか、どうすれば社会に貢献できるのか、見えてくるはずです。

◎報われる人の習慣10

勉強して自分の「哲学」をつくっていく

× 自己犠牲をする

あなたは、松下幸之助さん、稲盛和夫さんの著作を読みましたか？　まだだったら、ぜひ読んでほしいと思います。そこには、ビジネスにとどまらない「生き方」の基本が書かれているからです。

ただし、中には解釈が難しく、誤解をする人がいます。**優れた人の書いた自己啓発の本には、読み方があります。読み方を間違えると、せっかくの精神が伝わりません。**

例えば、「私利私欲をなくさないといけない」というのもその一つです。「自分を犠牲にする」と解釈してしまうと、「古くさい考え方だ」「自分が楽しんではいけないのか」と反発して、せっかくの良い本を遠ざけてしまうことになります。私はそうではなくて、**「良い仕事をするということが、私利私欲をなくすのと同じ」**という意味で解釈しています。そこには自己犠牲がありません。他の人が喜び、自分もうれしいし、経済的に恵まれます。

こういう話が信じられるかどうか分かりませんが、宇宙には根本的な原理があると私は考えています。そのひとつが、宇宙は生成発展しているということです。それに逆らうことなく、**世の中の生成発展の動きを助けていくことが、「良い仕事をすること」だと思う**

のです。安岡正篤先生や松下幸之助さんも同じことをおっしゃっています。

しかも、宇宙は猛スピードで動いています。そこで不可欠になるのは、全体のバランスです。もし、たとえば火星が軌道を外れてしまえば、バランスをとるために地球も軌道を外れるしかありません。そうして、宇宙は常にバランスを最適化しながら動いている――生成発展しているわけです。

そうした宇宙の原理のなかで生きている私たちが、利己的な考えで小さな幸せを守ろうとすれば、そこには生成発展もなく全体のバランスもとれませんから、宇宙などと大それたものでなく、そのごく一部のこの世の中からもはじき飛ばされてしまいます。

私利私欲をなくすというのは、自己犠牲をしろということではありません。宇宙の原理に従って、宇宙（世の中）を発展させるように仕事をすれば、周りにいる人も自分も幸せにするように良く生きられるという意味です。ですから、**自分が良い仕事をすることで、自分も世の中も良くなる方向に向かうと確信して行動することが大切なのです。**

人間なんて、宇宙の中ではごみみたいなものですが、宇宙の原理に従って正しく生きていれば、少なくともお金くらいはついてくると思います。

◎報われる人の習慣11

自分にも世の中にも良いことをしよう

memo

この章で気づいたこと

× 間違っていた習慣

⇨

◎ 今後身につけたい習慣

第2講

「時間」についての間違った習慣

× 睡眠時間を削ってでも仕事をするくらいでいい

「小宮さんは、いつ寝てるんですか?」とよく聞かれます。

小さなコンサルタント会社の社長を務めながら、役員や顧問をしている十数社の会社の会議に出ています。そして全国各地での講演や研修を平均で一週間に五カ所前後はこなしていますし、テレビにも月に二回程度出演しています。その合間に、本を読んだり、連載も月に十本ほど持っており原稿を書いたりもしています。本も昨年は十二冊出版しました。睡眠時間を削って仕事をしていると思われるのも無理はありません。

でも、睡眠時間はきちんと確保しています。なぜなら、「頭の調子」は、良いアイデアを出すために欠かせない三つの要素の一つだからです。ほかの二つは、「情報を持っていること」と「論理的思考力」ですが、この二つがあっても、頭が疲れていたら何もできません。そのために大事なのは、単純ですが**「夜更かしをしない」**ことに尽きます。

一般のビジネスパーソンが評価される時間帯は、午前九時〜午後六時が中心です。作家なら、原稿を夜中の三時に書こうが朝六時に書こうが、書いたものだけで評価されるのですから時間帯は関係ありません。しかし、**組織に勤めている人は、朝から評価されている**

ということを絶対に忘れてはいけません。夜更かしをしたり、夜遅くまで酒を飲んでいて、朝のパフォーマンスが悪かったら、それだけでマイナス評価です。

プロ野球の一軍選手なら、午後六時から九時までがベストの時間となるように、体調管理をしなくてはいけません。今日は天気がいいからと昼間からビールをしこたま飲んで、六時頃に眠い目をこすって球場入りしたら、早晩クビになるでしょう。

毎日夜更かしししているビジネスパーソンは、それと同じことをやっているわけです。

とくに、**新鮮なアイデアや企画を考えたり、事務処理能力が求められたりする仕事では、自分の得意な時間帯を業務時間に合わせることが大切です。**

もちろん、睡眠の長さだけでなく、良質の睡眠をとることが大事です。夜遅くまで飲食をしていれば、身体は疲れていても、頭だけ興奮してしまったり、胃腸が休めなかったりして、睡眠が浅くなってしまいます。こうしたことを避けて、良質の睡眠をとれば、短時間でも頭や身体の疲れがとれてリフレッシュできます。

学生時代のまま、いつまでも夜型生活を続けるのは、二流にとどまる人の習慣です。

昼間にパフォーマンスが最高になるように、身体や心を変えていかなくてはいけません。

◎報われる人の習慣7

良質の睡眠はすべての基本。必ず確保しよう

× 満員電車に乗るのはやむをえない

毎朝、満員電車に揺られて通勤するのは、やむをえないことだと考えていませんか？
でも、満員の車内で押し合いへし合いし、さんざん不快な思いをした挙げ句、へとへとに疲れて会社に着く。これほど無駄なことはないと思います。

朝のラッシュで一番混んでいる時間帯は、言葉は悪いのですが**「負け犬の時間帯」**です。私から見れば、あえて負け犬を選んでいるとしか思えません。

人と同じことを、一番非効率な時間帯にやるなんて、自分から成功を遠ざけているようなものではありませんか。

第一、あんなぎゅうぎゅう詰めの車内では、新聞はおろか文庫本すら読めないでしょう。それだけで、朝の通勤時間に情報を仕入れない習慣ができてしまいます。それでも、家で新聞を読んでいればよいのですが、そんな時間の余裕がないから、ぎりぎりの電車に乗る人が多いのでしょう。となると、始業の時点で新しい情報もなく、もちろん仕事の準備をする時間もない。一日のスタート時点から遅れていることになります。

これでは、上司の覚えもめでたいはずがありません。早い時間に余裕を持って出社して、しっかり仕事をしている部下の方が評価が高いに決まっています。

毎朝、新聞も読まずに始業ぎりぎりに出社して、しかも仕事を始めるのが遅いという状態で、昇進したい、昇給してほしいというのは、無理というものです。

残念なことに、**負け犬には「自分は負け犬だ」という自覚がありません。**内心では、「みんなも満員電車に乗っているんだから」と自己弁護しているのでしょう。それどころか、満員電車で押し合いながら「私はがんばっている」と思っているのかもしれません。しかし、**それは「がんばっている」のではなく、ただ「耐えている」だけです。**がんばれば報われるかもしれませんが、耐えているだけでは、いつまでたっても報われません。

解決法はただ一つ、三十分でいいから、早く起きる習慣をつけることです。

空いている電車に乗り、気分の余裕を持って出社する人の方が、満員電車で耐えてやってくる人よりも、会社に来たら楽しいはずです。そして、楽しいから脳も活性化されて、良いアウトプットが出てくるでしょう。なおかつ、早い時間から活性化されるわけですから、アウトプットの量も増えていきます。質も量も向上するのですから、これは勝つ循環です。**わずか三十分、早く起きる習慣を持てば、負け犬から抜け出せるのです。**

◎報われる人の習慣2

「負け犬の時間帯」を避けて通勤する

×　始業10分前には到着していたい

朝の時間は「宝の時間」です。自分を高めるチャンスの時間なのです。そんな時間をどう有効に使うか——それが一流と二流を分ける大きなカギになります。

朝早く出社する最大のメリットは、できる上司とゆっくり会話ができる点にあります。というのも、**できる上司というのは、たいてい朝が早い**からです。

そうした上司にとって、朝早く出社する部下は、「自分と同じ意識を持っている」と感じられるから、間違いなく可愛がってくれます。分からないことをアドバイスしてくれたり、ときには人生のコツの一つでも教えてくれるかもしれません。

始業時間ぎりぎりに眠そうな顔をして来て、パフォーマンスも上がらない部下とは、評価が百倍違うと言っても過言ではありません。

そして、ここが重要なのですが、遅く出社する人には、早く来ている人が何をやっているのかが分かりません。当たり前のことだと言われそうですが、ポイントです。逆に、**早く来ている人は、遅く来ている人が何をやっているか、すべて分かっています。**

言い換えると、負け組には、勝ち組のやっていることが見えていない。でも、勝ち組の人には、負け組の人がどういう習慣なのかよく分かっている——勝ち組にとって、負け組の手の内は一〇〇%見えているのです。これでは、最初から勝負が決まっているようなものではありませんか。

その差が理解できたら、明日からでも朝早く出社してみましょう。そして、三十分でも一時間でも、何かしらの勉強をするという習慣をつくれば、必ず良い結果がやってきます。

万一、「始業時間前、社内では、業務と関係のない勉強をしてはいけない」という頭の固い会社があったとしたら、どこか近くのカフェで勉強すればいいのです。

信じられない話ですが、実際にそんな会社があると聞きましたが、社員が勉強するのを損だと感じる会社はろくな会社じゃありません。社員を、単なる作業員と思っているのでしょう。将来の経営陣だとは思っていないのです。

そういう会社には、あまり長居をしない方が身のためです。良い転職をするためにも実力をつけることが必要です。やはり、毎日三十分でも一時間でも早く家を出て、他社でも通用する実力をつけることをお勧めします。

◎報われる人の習慣3

できる人は朝が早い

✕ 稼げるようになれば時間もコントロールできる

今、あなたの交通系ICカード（スイカ、パスモ、イコカなど）には、いくらチャージされていますか？　残額が五百円以内という人は要注意。

自動改札機を通るとき、前の人の残額表示が見えますが、五百円以下だと、失礼ながら「この人は出世しないだろうな」と思います。ずいぶん決めつけるな、と言われるかもしれませんが、時間を無駄にしない、という意識が弱いと思えてならないからです。

チャージの券売機に並ぶ時間は無駄です。並ぶことによって電車を逃すかもしれません。小さなことのようですが、私たちは電車をこれからもずっと使うことを考えると、こういう無駄な時間を使いたくない、という意識を持っていることが、非常に大事です。無駄な時間が一日のあちこちにあると、スピード感がいちいち途切れてしまいます。しょっちゅう信号で止まる車と、スイスイ止まらずにスピード感を持って進んでいる車では、止まっている時間の量はもちろん、動いているときのスピードも違うのです。

私は、必ず券売機があいているときに一万円チャージします。五千円もあれば、突然の行先変更があっても、たいていのところには行けるから、五千円まで減ったら一万円チャージ。これで無駄な時間をかなり減らせます。残額不足で後ろの人に迷惑をかけることもありません。

時間を制する人は、お金も制します。時間に追われると、お金にも追われるのです。

「タイムイズマネー」という言葉は誰もが知っていますが、これは「時間はお金と同じように大事だ」という意味のほかに、**「時間をうまくコントロールできれば、お金ができる」**という意味もあることはご存じでしょうか？

お金持ちでもそうでなくても、時間は平等に与えられています。まず時間をコントロールすることで、そこからお金をコントロールできるようになるのです。

もちろん、お金を先にコントロールすることも可能です。しかし、**一般のビジネスパーソンの場合、給料の額は決められていますから、やれることは出費を抑えることしかありません。結局、「節約、節約」ばかりとなり、人間の器《うつわ》が小さくなってしまうのです。**

そうした人にありがちな誤解は、「出世して稼げるようになれば、時間も好きなようにコントロールできる」というもの。でも、それは順番が違います。まず時間をコントロールする。そうすれば、お金もコントロールできるようになるのです。

◎報われる人の習慣4

時間をコントロールすれば、お金をコントロールできるようになる

× 時間管理とは、効率化のことだ

「時間管理」の意味を知っていますか？

「短い時間で仕事を終えられるよう効率化すること」というのは、誤りです。

「同じ仕事をするなら速い方がいいに決まっている」と思うかもしれません。若いうちはそれほど難しい仕事を与えられないから、そう勘違いしてしまうのも無理はありません。

しかし、いつまでもそう考えていると、一人前になったところで満足してしまい、一流にはなれません。

世の中が求めているのは、仕事の速さではなくて、あくまでも仕事の質なのです。そして、誰にでもできる仕事を速くやることではなく、誰でもはできない仕事を速くやることなのです。

もちろん、それは急にできるものではありません。どうすればいいかというと、第一段階として、まず時間がかかってもいいから、仕事の質を上げる。もし、それが勤務時間内で完了しなければ、最初のうちは残業してでもやらなければいけません。

二流、三流の人が、「六時を過ぎたら仕事は一切しない」などと言っていたら、一生そのままで終わってしまいます。もちろん、そうやってのんびり暮らすのもひとつの価値観ですが、年功序列がなくなった今の時代、それでは一生給料も評価も上がらないということになりかねません。

前提と結果を間違えてはいけません。効率化というのは、結果的にもたらされるものなのです。最初から効率化を考えてはいけません。

若いうちは時間がかかってもいいから完璧をめざす。次に、同じ仕事の質を維持しながら、時間を短くしていくのです。

当然のことですが、腕が上がれば自然と仕事は早く終わるようになります。相撲でも、強くなればなるほど早く勝負がつきます。野球もまた、コールド勝ちできれば早く帰れるのです。

仕事もそれと同じこと。「良い仕事を早く終わらせる」というのが本当の効率化であって、「質にはこだわらずに早く終わらせる」のは単なるサボリ、手抜きです。

もちろん、いつまでも同じ時間がかかっていてはいけません。まず、質を追ったら、次に速さを追う。そうして、**「質→速さ→質→速さ」の順で追っていけば良いのです。**

◎報われる人の習慣5 質の高い仕事を速くするのが効率化である

✕ 人より仕事をしようとすれば、時間に追われるのは当然だ

「忙しい、忙しい」と、寝る暇もなく仕事に追われている人も少なくありません。

理由を聞くと、「人より稼ぐために仕事をしているのだから、時間に追われるのは当たり前でしょう」と言うのです。でも、それは考え方がおかしくありませんか？

お金を稼ぐために仕事をしても、思うほどは稼げません。確かに、そうした考え方で、ひょっとしたら少しは稼げるかもしれませんが、自己実現はできません。お金が目的では、デイトレードにすべてを捧げる人生のようなもので、それが実りある人生かというと疑問です。デイトレード自体を否定しているのではありません。価値観の問題ですが、何百億稼いだ、何十億損したと、お金に振り回される人生を私は歩みたくはありません。

では、なんのために働くのか。私が一番強く願っているのは、**「自分の能力、経験をフルに生かして、良い仕事をし、社会に貢献し、自己表現をしたい」**ということです。

そのためにはまず「自由」でいたいと思っています。

何年か前まで、ほかの会社の社長をやってくれないかという話が何件かありました。しかし、「雇われ社長」はお断りです。自由が奪われるからです。

それよりも、今のように**時間やお金、仕事の内容を自分でコントロールし、言うべきことを言って、本気で良い仕事をしている人、仕事に命を賭けている人をサポートしていきたいのです。**

この本も、そういう「同志」に読んでいただきたいと思っています。

そのためには、お金がある程度なければいけません。お金に困っているようでは、自由度が制約されます。働くことで、結果的にお金を稼ぐことは必要です。お金はあれば便利な存在であり、お金自体には善悪はありません。問題は使い方です。主導権をもって使うという意識がないと、お金も時間もコントロールできなくなり、誰かにコントロールされる人生を送ることになってしまいます。

もちろん、私も忙しいのは確かです。普通の人の五倍はアウトプットを出していると自負していますが、きちんとお金も時間も自分でコントロールして使っています。

自分でハンドルを握り、コントロールしているので、スケジュールがいっぱいでも「忙しい、忙しい」とせわしない感じ、余裕のない感覚は、幸いほとんどありません。皆さんにもぜひこの感覚を共有してほしいと思います。

◎報われる人の習慣6

お金も時間も、主導権を持ってコントロールする

× ワークライフバランスを実践し、6時に帰る

ワークライフバランスが叫ばれています。「ワーク（仕事）とライフ（生活）のバランスをとるために、六時には必ず退社する」という人がいます。

私も残業は大嫌いですが、大前提は、勤務時間中は精一杯働くということです。「仕事が終わっていないのに帰るための大義名分」になっていたら、注意が必要です。「二流になる人たちの言い訳」になってしまいます。所定時間で人並み以上の仕事をできる実力をつけることが先決です。

そして、「会社が終わったら仕事のことを考えたくない」と考えていたら、一〇〇％確実に一流にはなれません。 一流になりたければ、仕事を好きにならないといけないのです。「仕事は嫌い」「仕事は必要悪」と公言している人もいますが、私たちは人生の一番長くて良い時間帯を、仕事で過ごしていることを忘れてはいけません。価値観の問題ですが、私は、**ワークが充実しなければ、ライフも充実しないと思っています。**

事実、立派な仕事をする人は、余暇の過ごし方や家族との過ごし方も上手です。**仕事はちゃらんぽらんで、遊びだけ一流という人は、まず見たことがありません。**

もちろん、可能ならば定時に帰った方がよいとは、私も当然思っています。会社は、けっして残業を求めていないからです。ただし、その場合でも、定時にさっさと「切り上げる」のではなく、定時に仕事がきちんと終わっていることが前提です。経営者にとっては、残業をせず良い仕事をしてくれるのが一番いいに決まっています。

私の会社ではちょっと給与体系に工夫をしています。月の給与に残業十時間分が最初から含まれているのです。残業が十時間を超えれば、もちろんその分を支払っています。

この給与体系で一番得をするのは誰かといえば、一時間も残業しない人です。残業をしないのに、十時間分残業代をもらえるんですから。

こうした給与体系にした目的は、だらだらと残業されるのが嫌だからです。それは、会社にとっても損ですし、本人の生活や健康にとっても良くありません。

そして、私が社員にいつも言うのは、**「今日一日、良い仕事をしたかどうかを必ず反省して帰ってくれ」**ということ。もし、良い仕事ができなかったときには、「なぜできなかったのか」と考える必要があります。そして、どうすれば、それができるようになるのかを工夫する。そうした反省や向上心を抜きにして、一流になる道はありません。

◎報われる人の習慣7

腕を上げて、定時退社をめざす

✕ 仕事を家には持ち込まない

「仕事は、家に持ち込まずにすむなら、それに越したことはない」と思っていませんか？

最近では、ネットやモバイル環境が向上したために、家や旅先でも仕事ができるようになりました。でも、「会社の仕事を家に持ち帰ったら損だ」という人も少なくないようです。

確かに、残業代は減るし、家の光熱費は上がります。しかし、そんなケチなことを考えずに、何が一番大事かを考えてほしいのです。

私が三十三歳まで勤めていた旧東京銀行は、日本唯一の外国為替銀行だったので、海外拠点などとの電話連絡もほぼ毎日ありました。ところが、時差の関係でロンドンからは日本時間の十七時頃に連絡が来る。一方、ニューヨークが開くのは二十三時頃。その間、ずっと銀行に居残って残業代をもらってもいいのですが、私はそうはしませんでした。

どうしたかというと、ロンドンと電話した後に退社して、ニューヨークとの連絡は、自宅でしていたのです（電話料金はもちろん会社に請求）。このため、家で食事ができたし、小さかった子どもを風呂に入れられました。二十三時からニューヨークと三十分ほど話をして、二十四時には寝るわけです。おかげで休養もたっぷりとれ、翌日も朝からガンガン仕事ができました。

ニューヨークの担当者にすれば、自宅へ電話をかけてくるのですから、遠慮して早く切り上げようと気づかってくれます。妻も、早く帰って子どもの面倒を見て、目の前で仕事をしている私を見て、感謝の気持ちを持ってくれたかもしれません。連日深夜に帰宅していたら、本当に仕事をしているかどうか疑われる可能性だってあります。

先述のように、二十三時過ぎまで会社に居残って残業代を稼いでいた人もいましたが、どうしたって朝は疲れていて高いパフォーマンスは出せていませんでした。私のやり方の方が合理的で、高いパフォーマンスを安定して出せました。

もちろん、家族に対するケアは必要ですが、仕事を家でやっても悪くはありません。

残業代を稼ごうというケチケチしたことを考えず、自分の仕事は、いつどこでやれば一番合理的かを考えましょう。

そうすれば、良い仕事ができて、昇進も早いですから結果的にお金を多く得られるわけです。

ケチなことを考えていると、そのまま、ケチな人生になります。

◎報われる人の習慣8 最高のパフォーマンスを出す環境を組み立てる

memo

この章で気づいたこと

× 間違っていた習慣

⇨

◎ 今後身につけたい習慣

第3講

「原理・原則」についての間違った習慣

× ビジネスは弱肉強食だ！

「ビジネスは弱肉強食だ！」という考え方があります。

ライバルの足を引っ張ろうが、金にモノを言わせて強引に株を買い占めようが、強い者が勝ち残るというわけです。

しかし、**ビジネスは獣《けもの》の世界ではありません。他人を蹴落として一時的に成功しても、長続きすることはありません。**

これは企業でも個人でも同じことで、人を蹴落とせば自分が昇進できるなんてケチなことを考えていたら、報いは間違いなく自分に返ってきます。

経営者の立場になればそれは自明です。経営者が社員に求めているのは、社員同士の足の引っ張り合いではありません。会社に対する貢献です。会社から見れば、優秀な社員の足を引っ張る社員は有害な存在です。昇進どころか、リストラ名簿に真っ先にリストアップされるのは確実です。

企業でも似たようなことがあります。どことは言いませんが、卑しい業界では、他社の悪口を言って仕事を取ってきます。でも、まもなくそうした企業は業界もろとも滅びることになるでしょう。一九九八年四月一日に外為法が改正されて以来、世界中から日本への企業進出が自由になりました。足を引っ張り合っているような業界は、外資に一発で淘汰されることでしょう。

じつは、「弱肉強食」のように言われる獣の世界も、本当は「優勝劣敗」です。ダーウィンが言うまでもなく、環境に適合した者が生存するわけで、必ずしも強者が生き残るわけではないのです。

ビジネスパーソンでも、ライバルを蹴落とすのではなく、誰よりも良い仕事をする人が生き残るのです。

良い仕事とは、具体的にいえばお客様や周りの人が評価してくれる仕事です。営業パーソンを例にあげると、自分のノルマが気になる人と、いつも「お客様のために何ができるか」と考えている人、どちらがお客様に好かれるかは明らかです。

良いときも悪いときも訪ねてきて、困ったときはすぐ手助けしてくれる人が適者として生き残り、トップセールスになる。これが優勝劣敗の法則なのです。

◎報われる人の習慣7
ビジネスは優勝劣敗である

✕ 成功する人は能力が高い

成功する人と、しない人では、前者の方が能力が高いと、誰もが思っているでしょう。成功する人は能力よりも、意志の強さ、信念が違うのです。

もちろん、完璧なように見える成功者も、そうでない人と同じように、強さも弱さも持ち合わせています。決して強いだけではありません。

そして、自分の弱さも自覚しています。

自分なんて大したことない、稀有《けう》な素質や才能に溢れた一騎当千の強者なんかじゃない、自分より優れた人はいくらでもいる、だからつねに「努力を続けなくてはいけない」、「やり方が間違っているとしたらすぐに気づきたい」、「正しく指摘してくれる人ほどありがたい存在はない」、と思っているのです。

このように**自分の「弱さ」を自覚し、それでも成長しよう、弱さを克服しようとしているから、成功しているのに素直で謙虚でいつづけられるのだ**というのが、多くの成功者を見てきた私の実感です。そして、何よりも信念の強さがあります。

報われていない人は、謙虚さがなく、できない理由ばかりを考え、信念もありません。

「あの人はもともと意志が強く、才能に溢れ、恵まれた環境に身を置いていたんだから、自分とは違う。自分は意志も弱いし、勉強してもすぐ忘れちゃうし……」とこれまで何度も思ったことがある人は要注意です。「報われない思考パターン」になっています。「報われていない」という現状に安住できてしまう、ある意味の心の弱さを、成功する人は持っていないのです。

報われない人の方が、「うまくいっていないけど、まぁこれでなんとかなる」と思っている。だから素直さ、謙虚さがなく、結局、傲慢《ごうまん》になっているのです。

線路にはポイントがありますね。分かれ道になるところです。成功者とそうでない人の深層心理の「ポイント」は、まさにここではないでしょうか。素直さ、謙虚さ、信念です。ここを変えない限り、向こうの電車には乗れません。

「完璧な人と比べると、自分がちっぽけに思えて戦意喪失してしまう」というのは、いかにもナンセンスだと思いませんか？

成果を出している人も、自分はちっぽけだと思っているのです。でも、何かを成し遂げたいという信念があるのです。弱さを自覚したうえでの信念です。

◎報われる人の習慣2

成功する人は「自分は弱い」と思っている

× 不自由な状態でもうまくやるノウハウを身につけるのが賢い

あなたは「満員電車で、できるだけ疲れずに乗るテクニック」を持っていませんか？「ドアの脇ならｉＰｈｏｎｅでネットできる」など。

ちょっと考えてみましょう。

「ラッシュを避ける」というのが、最高の解決策ではないでしょうか。

夜、早く寝て、三十分でも早く起きて、空《す》いた電車に乗れば体力も消耗しないし、座れれば本も落ち着いて読める。清々しい気持ちで出社できる。もちろん、遅く来る人よりも上司からの評価も高い。

これが本質的な解決法というものです（四六ページ参照）。

ところが、人間というものは、不自由に慣れてしまうのです。本質的な解決をできるのに、そこに気づかず、**難解なまま、不自由なままの状態でテクニックを考え、スキルアップしたと勘違いしてしまうのです。**

社内の業務でも同じです。難しい事務処理を難しいままこなしてしまうのです。これまで、五つの工程が必要な作業があったとすると、本来ならばそれをシンプル化して、たとえば三つの工程で終わらせる工夫をすべきでしょう。

ところが、五つの工程のままでスピードアップを図ろうとしてしまう。たとえば、手書きの伝票をコンピューター化すれば、効率も上がり間違いも減るのに、非効率な伝票の書き方のマニュアルを作り、その勉強会を開くなど、不自由で非効率なことをノウハウ化してしまうのです。

会社や社会がわれわれに求めているのは、最終的にはアウトプットの質と量です。スキル向上の目的は、そこに置かなくてはいけません。

皮肉なことに、器用な人ほど不自由な状態に慣れてしまって、そのなかでノウハウを磨いてしまいがちです。ある意味「悲しいノウハウ」です。

そうではなくて、視野を広く持ち、本質に目を向け、不自由な状態自体を解消できるような、もっと良いやり方がないかを考えることが、本質的なスキル向上につながるのです。

◎報われる人の習慣3

もっと良いやり方がないか考える

× 一流と二流には大きな実力差がある

「一流と二流の間には、越えようのない大差がある」と思っていませんか？

私は、コンサルタントという仕事上、多くの一流の経営者にも二流の経営者にも会っています。テレビにも出ているので、一流の芸能人と二流の芸能人にも会います。そこで感じるのは、「両者の間には、素質も実力も、わずかな差しかない」ということです。

違いはただ一つ。その**「わずかな差」を乗り越えようとするかどうか**です。

一流の人は、「なれる最高の自分になろう」と絶えず努力していますが、二流の人はそれをしません。経営者でもビジネスパーソンでも芸能人でも、二流レベルなら、なんとか食べていける状態、つまり「GOOD な状態」でしょう。ほとんどの人が、そこで満足し、「GREAT」をめざそうとしないのです（一四五ページ参照）。

ここで重要なのは、一流の、GREATなレベルに登ってみて、初めて見えるものがあるということです。

山登りを想像してみてください。下界にいる限り、山の頂上から何が見えるかは見当がつきません。それと同じく、一流の人に見えているものは、二流の人にはまったく想像ができないのです。

一流になれば、交友関係も広がり、各界の優れた人物に会うことができます。思いもかけない経験もできるでしょう。それがまた糧になって、さらに自分を高めることができます。

自分の能力、経験や人脈を生かして社会に貢献し、信頼を得る。人から感謝される。レベルが上がるからより大きな信頼を得る。好循環になるわけです。

じつは、**二流にもピンからキリまであります。**二流に達したばかりの人もいれば、二流のトップもいます。

もったいないのは後者です。あとひと押しをすれば、一流になれるのですから。そこを超えるかどうかで、世の中の見え方だけでなく、社会からの評価も違ってきます。

評価が違うということは、収入が違うということです。

若い人には、現状に満足することなく、なれる最高の自分をめざし、少しでも上をめざしてほしいと思います。

◎報われる人の習慣4 差はわずか。乗り越えようとするか否かの違いしかない

✕ コンプレックスをバネにして頑張ればいい

「コンプレックスがある人は強い。コンプレックスをバネに頑張り、成長するから」
「一流大学を出ていなくても、卒業大学をバカにされても、劣等感を抱くことはない。そのコンプレックスをバネにして成功をした人はいくらでもいる」
——よくこのように言われますが、どう思いますか？

コンプレックスをバネに頑張っても、大きくは伸びない、というのが正解です。

その理由は、「コンプレックスをバネにする」という言い方にも表れています。バネというのは、縮んだ分しか伸びない、つまり克服したとたん伸びが止まるということです。

たとえば、「東大卒のAには負けたくない」というコンプレックスをバネにしているBさんは、Aさんに勝ったとたんに満足し、次の目標がなくなってしまうわけです。

私は、コンプレックスをバネに頑張っている人をたくさん知っていますが、ある程度のレベルには達するものの、大物にはなれません。

その点について、ピーター・ドラッカーは、おもしろいことを言っています。

「企業は問題解決をするより、機会を追求する方に時間をかけよ」

これは個人も同じです。「自分にはこれが足りない、あれが足りない」と「問題」を見つけて解決しようとするのも悪くはない。でも、そんな暇があったら、目の前の機会を追求しろというわけです。

学歴は「過去」です。過去は変えられません。

変えられないものを思い悩むよりも、未来の自分をいかに成長させるかを考える方が、ずっと大事です。チャンスがいつやってきてもいいように、準備を怠らないことが大切なのです。もちろん、より高い学歴を目指してもかまいません。

あなたがコンプレックスに基づいた目標設定をしていたとしたら、修正してみましょう。「終わりのない目標」「自分をいつまでも成長させてくれる目標」を持った方が、充実した人生を送ることができます。

◎報われる人の習慣5

コンプレックスを克服したとき、伸びは止まってしまう

✕ 仕事は頭を使って要領よくやる

「百点満点の仕事なんてめざしたら時間がいくらあっても足りない。八十点の仕事をいかにたくさんできるかが重要だ」

一見正しく聞こえますね。たしかに時間は大切です。しかし、これを信じたら、あなたの人生は取り返しがつかなくなります。

より良い仕事をしようと頑張る力は、身体の筋力と同じで、鍛えれば鍛えるほど強くなりますが、怠けているとあっという間に衰えます。

若いうちは実力がない、そのない実力を一〇〇％出したところで大した評価はしてもらえません。ましてや**八〇％なんて誰も評価しません。**最も大切なことは全力を出す習慣です。そうすれば、大したことのない実力でもそのうち周囲に評価されるようになります。

二十～三十代で、自分のエネルギーを一〇〇％出す訓練をしていれば、その習慣は年を重ねても維持できます。ところが、若いときに八〇％程度の力しか出さないことに慣れてしまうと、四十～五十代になってパワーを出そうとしても出せなくなってしまうのです。

運よく管理職、役員に昇進したとしても、十分には務まらないでしょう。

そういう人を、これまでたくさん見てきました。私は十数社の非常勤役員をしています。当初は、社長や役員会によく出席するのですが、まったく発言しない役員がいるのです。私に遠慮しているのかと思ったのですが、そうではありませんでした。

本人に意見がないのです。若いときに頭を一〇〇%フル稼働させてこなかったからでしょう。「論理的に深く考える回路」が、脳内にできていないまま年をとってしまったのです。

経営というのは、右から左へとルーティンをこなす業務ではありません。新規事業を立ち上げたり、不採算事業から撤退する判断をしないといけないのです。

それなのに、その役員は担当部署以外のことについてはまったく判断できない。自分の担当部署についても、深くものを考える習慣がないから、前例に従ったありきたりの発言しかできない。まさに思考停止の状態です。それでいて、社長が何か言うと「その通りだ」とうなずいたりする。これでは、何の役にも立ちません。

こうならないために、若いうちから、目の前の仕事に自分の能力とエネルギーをとにかく一〇〇%惜しみなく注ぎ込む習慣を持つことです。すべての目の前のことに全力を尽くすことが大切なのです。時間の使い方の問題は、第2講を参照していただければ幸いです。

◎報われる人の習慣6

100%の力を出していないと、出せなくなる

×　できる人は二十代から違う

「できる人は若いうちから違う」とよく言われますが、これは必ずしも正しくありません。もし正しければ、入社試験や新人研修の結果で、幹部候補生を決めてしまえばいいでしょうが、現実はそうではありません。**二十代からずっと伸びつづける人もいれば、二十代でパッタリと伸びが止まる人もいます。**

逆に、三十代後半になって急に伸びてくる人もいます。その違いはどこにあるのでしょうか。

二十代で伸びが止まる人は、パターンが決まっています。二十代の仕事のやり方のままで、三十代以降も突っ走ってしまう人です。いいかえると、仕事の質が変わっても自分を変えられない人です。

繰り返しになりますが、二十代の仕事は、基本的には単純な作業が中心です。そこで評価されるのは、仕事が速い人、そして「調子のいい人」です。「三日以内に片づけます！」と言って、さっさとこなすと「キミは仕事が速いね」と上司にほめられる。二十代の評価基準はスピードとノリというわけです。

ところが、**三十代、四十代になると仕事の質が変わってきます。部下を持つとともに仕事の質が変わり、判断業務が増えてくるのです。そこで、深くものを考えられる人が、三十代、四十代から伸びる人です。**

では、二十代のノリのままの人はどうなるかというと、二十代と同じ仕事しか任せられません。すると、今では年功序列も崩れてしまいましたから、気の毒なことに二十代と同じ給料になってしまうのです。いくら若々しいつもりでも、ノリでは二十代に勝てません。四十歳になってノリで通用するのは吉本ぐらいでしょう。いや、ノリだけでは吉本にも受け入れられません。

転換点は三十代です。そして、二十代はその準備段階です。二十代から三十代にかけて、ものごとを深く考えられるようにきちんと実力を養ってきた人だけが、四十代になって、より上位の判断業務をこなすことができるのです。

そこまでくれば、五十代から六十代でも、人生経験を積み、人脈を広げながら、役員や経営者として活躍できるでしょう。

◎報われる人の習慣7
仕事の質の変化に備えて準備した人だけが、伸び続ける

× マンネリを我慢するのが仕事というものだ

仕事がマンネリだな、と思うことはありませんか？　もしあるとしたら、仕事の内容が毎日同じようなものだからではなく、仕事が好きになれない状態だからかもしれません。

毎日同じことをしていても、好きなことや楽しいことならマンネリにはならないものです。**変化がないように見える仕事でも、工夫をすれば必ず新しい発見があります。**

私は、日本各地でこれまで二千回は講演をしていますが、同じテーマで話したこともかなりあります。でも、マンネリに陥ることはありません。一回一回が真剣勝負だからです。毎回話す前には、今回はどういう話を新しく盛り込もうか、どういう順序で話すべきかと真剣に考えるし、講演中も、聴く人の反応を見ながら、いかに場を盛り上げながら大切なことを覚えて帰ってもらうかを考えながら話す——毎回、新しい真剣勝負があるからこそ楽しいのです。

これは、どんな職業にも当てはまります。営業パーソンでも、財務・経理担当者でも、工場で働く人でも、毎回、頭を使って工夫をしながら、試行錯誤をする習慣をつければ、マンネリになる心配はありません。

私が毎朝仕事を始めるときに考えるのは、「これが人生最後の仕事になるかもしれない」ということです。「明日死ぬかもしれない」と思ったら、いい加減な仕事などできないでしょう。死というのは、予告なく、ある日突然に来るのです。七年前に肺がんの手術をしてから、いっそうその思いが強くなりました。「一日一生」という気持ちです。その気持ちをベースにして仕事をすれば、仕事が楽しくなり、けっしてマンネリにはならないのです。

確かに、**仕事も勉強も「楽」ではありません。でも、それを「楽しい」と思えるレベルにまで引き上げられるかどうかが重要なのです。**

仕事が楽しくなれば人生も楽しくなります。私たちは人生の一番良い時間帯の大半を仕事に費していｍます。その時間を楽しくするのが人生を楽しくする近道ではないでしょうか。

仕事に打ち込むといっても、昔のモーレツサラリーマンとは違います。モーレツサラリーマンは、与えられた仕事をこなす、仕事に追われているイメージが強くありましたが、今日のビジネスパーソンは、自分から主体的に仕事に取り組まなくては成果を出せません。

そうして、「楽」ではない仕事を「楽しく」することが、二流から一流へと向かう第一歩なのです。

◎報われる人の習慣8

工夫すればマンネリにはならない

✕ ブログやツイッター、フェイスブックで自分をアピールすべし

「これからのビジネスパーソンは、自己アピールが重要。ネットを駆使しよう」という意見を聞いたことがありませんか？　私もよく目にしますが、決まって「日本人は自己表現が下手で損をしている、もっと売り込むべきだ」という論調です。

それを真に受けて、ブログやツイッター、フェイスブックなどで自分をアピールする人が増えてきました。「今までと違う未来が開ける」と期待しているのでしょう。でもそれは幻想に過ぎません。私もブログを書きますが、あくまでも自分の記録と私のお客様やファンの方へのサービスの気持ちからです。

売り込めば成功するというのは安直な発想です。むしろ売り込んではいけないと私は考えます。ピーター・ドラッカーも、「本当にいい会社は営業しない」と述べています。

意外に思うかもしれませんが、これは真実です。うまいラーメン店は、宣伝しなくても行列ができるでしょう。逆に、いくらチラシを配っても、まずい店には人は集まりません。

これは、個人でも同じこと。**売り込まなくてはいけないうちは、実力が足りないと考えるくらいでちょうどよいのではないでしょうか。**実力があれば、わざわざアピールをしな

くても仕事も人脈もできるのです。

もちろん、自分の考えや実績をネットで表現するのは悪いことではありません。しかし、実力がないのに評価されてしまったら、かえって厄介です。うまく相手をごまかして転職したはいいけれど、すぐに化けの皮がはがれてしまうのと同じです。

私は、会社も自分自身も、「こちらからは積極的に売り込まない」というポリシーを持っています。それは、過大評価も過小評価もされたくないからです。じっくりと私たちを見て評価してほしいのです。

ところが、売り込みをかけてしまうと、一時的に実力以上の評価を受けがちです。しかし、実力以上の評価をされたものだから、落ちるのが早いというケースが多いのです。

大事なことは「なれる最高の自分」をめざし、いつも自分を成長させておくということです。やがて、人との出会いというチャンスがやってきて、人が自分を生かしてくれます。

売り込むよりも、目の前のことを一生懸命やりましょう。世界中に情報が飛び交っている時代ですから、見る目のある人は、どこかで必ずあなたを見ています。

◎報われる人の習慣9
成長し続ければ、人が自分を生かしてくれる

memo

この章で気づいたこと

× 間違っていた習慣

⇨

◎ 今後身につけたい習慣

第4講

「収入・お金」についての間違った習慣

× 努力は必ず報われる

「努力は必ず報われる」と教えられてきませんでしたか？

もちろん努力は必要ですが、それだけではダメなのです。同じ努力をするなら「正しい努力」をしなければならないのです。

もちろん必死に努力をするのは大事ですが、それはあくまで必要条件で、十分条件ではありません。必死にがんばったからといって、必ずしも評価を受けるとは限らないのです。

「それじゃ、まるでギャンブルじゃないか」と思うかもしれませんが、そうではありません。**正しい努力を重ねて、実力がある一定のレベルに達した後で、初めて人は評価してくれるのです。そのレベルに達するまでは、我慢しなくてはなりません。**

たとえば、Jリーガーになりたい人が必死で毎日卓球の練習をしても、Jリーガーにはなれません。しかるべき、サッカーの練習をするのです。それが正しい努力です。そして、その努力を積み重ねるのです。努力と評価は、必ずしも正比例していません。絶えず努力を重ねたとしても、それに比例して直線的に評価が上がるわけではないのです。その代わり、能力があるレベルに達すると、周囲が評価するレベルとなるのです。つまり、**評価と**

いうのは、スロープ状ではなく、階段状に高まるわけです。

もちろん、精一杯努力して、少しでも早く報われる方がうれしいに決まっています。しかし、そこに大きな問題があります。早く「一人前」(つまり二流。一四三ページ参照)のステージに達したからといって、「一流」のステージにも早く到達するとは限らない。**早く一人前になった人は、周りにちやほやされるので、それっきり伸びないことが多いからです。**

むしろ、他人よりも時間が余計にかかる人の方が、自分が遅いことを知っているので、努力をやめません。そうして、年を重ねても伸びていくのです。ですから、不器用なくらいの人の方が、最終的には大きい仕事をやり遂げる例も少なくありません。

評価は他人がするものです。ですから、若い人に言いたいのは、自分で勝手な評価を下して一喜一憂しないでほしいということです。そして、実力がつけば、他人が自然に評価してくれます。そのレベルになれば、自分自身で仕事に「喜び」を見出すことができます。お客様や社内からも「信用」を得る。それが、ゆくゆくは「富」につながっていきます。

この**「喜び→信用→富」**という順番が大切なのです。あくまでも「富」、つまりお金は良い仕事、正しい努力の結果で、あとからついてくるものだと考えてください。

◎報われる人の習慣7 一定レベルを超えたとたん、努力は急に報われ始める

×「稼ごう」と強く思っている人しか稼げない

「稼ごう、と強く思う人しか稼げない」「稼ぎたければ金のことばかり考えろ」というふうに考えている人もいるようですが、どう感じますか？

お金のことばかり考えている人のところには、お金は集まりません。もし集まったとしても一時的なものです。

確かに、お金や売り上げ、利益を「目標」にすることには一定の意味があります。しかし、それを「目的」にしてはいけません。

「目標」と「目的」は、はっきり区別するべきなのです。

「目的」とは何かといえば、「社会に貢献しよう」「お客様に喜んでもらいたい」というように、私たちが生きている根本的な存在意義です。それに対して「目標」は、目的に到達するために設定したマイルストーンです。「今年は一千億円売れるくらいお客様に喜んでいただいて、工夫もして百五十億円利益を出そう」というように。

お金を「目的」にすると、「お金」が、生きる意義の中心になってしまうのです。そもそも、お金を「目的」にして、実際に稼げるほど世の中は甘くありません。

お客様の立場で考えてみれば分かるでしょう。「この会社の利益のために、自分は利用されている」と考えれば、誰だって嫌な気分になります。働いている人たちだって、「自分たちは売り上げアップの道具か」と思えば、士気も下がってしまいます。

株主は喜ぶかもしれませんが、その株主だって、会社がお客様や従業員に見捨てられたら大損するだけ。お金を「目的」にする限り、誰も報われないのです。

私の人生の師匠である藤本幸邦先生というお坊さんは、「お金を追うな、仕事を追え。良い仕事をしろ」と教えてくださいました。そう、良い仕事をした結果として、お金を得ているのです。ですから、**良い仕事を追っていけば、自然とお金も入ってくるのです。そして、実力も上がっていきます。**

お金だけを考えていれば、運よく儲かることもあるかもしれません。でも、それは短期的です。ホリエモンが良い例です。

しかも、お金を「目的」にして働いていると、お金を稼いだとたんに、もう仕事をしたくなくなるか、金の亡者になるかのどちらかです。どちらに転んでも、幸せであるとは思えません。少しまわり道であっても、良い仕事を目的とする方が、ずっと良いのです。

◎報われる人の習慣2

「稼げるくらいの良い仕事を」と思っている人しか本当に稼げない

× 目標は数値化して追いかけると良い

「一生懸命、目標の数字を追っている営業マン」というと聞こえがいいのですが、お察しの通り、数字を追うのは感心しません。

お客様よりも、売り上げの数字を優先してしまうからです。

本人は目標に向かって邁進しているつもりでも、これではお客様には好かれません。結局、成績が上がらないのです。

確かに、自分の営業の質を高めるために目標は必要ですが、数字が目的化するとダメです。ピーター・ドラッカーも言うように、目標の第一は数字ではなく「マーケティング」の目標、つまりお客様に喜んでいただく商品やサービスの目標でなければならないのです。

あきれた保険の営業パーソンが、わが社に来たことがあります。自社の信用度を説明したあとで「わが社はノルマが大変なんです。ぜひお願いします」と言うではないですか。

残念ながら、こういう勘違いをしている人が多いのです。「ノルマが大変だ」と言えば同情してもらえるという気持ちなのかもしれませんが、お客様にとって、営業パーソンのノルマや、その会社の利益がどうなろうが、知ったことではありません。求めているのは、良い商品、良いサービス、それだけです。

私は、たまたまその社長と面識があったので、「そんなにノルマが大変なら、社長に電話して、お話ししておきましょうか」と言うと、彼は「それだけは勘弁してください」と言うので、電話はやめておきました。

数字を追っていると、こうなってしまうんです。お客様のことが見えていないから、お客様に受け入れられない。結果的に、数字も達成できない。

一流の人は、数字だけを追うことはありません。一流の人ほど数字にシビアと思うかもしれませんが、そうではないのです。数字は良い仕事をした結果や評価なのです。だから数字が出ないのは良い仕事をしていないからだ、と一流の人は考えるのです。

まず追うべきは、お客様がどんな商品やサービスを求めているか。お金を出して買うのは、お客様なのですから。お客様に気に入ってもらえなければ買ってもらえません。

成果主義がおかしな形で導入されたことで、多くの人が誤った考え方をしてしまいました。成果主義は、儲けること自体を「目的」としています。でも、本当に「目的」とすべきなのは「良い仕事」なのです。

◎報われる人の習慣3

一流の人は数字には厳しいが、数字を追わない

× 給与明細の内容を細かくチェックする

同僚と、給料の額面がいくらで手取りがこれだけとか、何万円の大台を超えたとか、ライバル社より何万円少ないのが不満だとか、話したことがありませんか?

少し厳しいかもしれませんが、**収入が気にかかるというのは、お金に振り回され、お金に使われている状態と言えるかもしれません。**

お金に使われる人には二つのパターンがあります。一つは、お金をすでにたっぷり持っているのに、お金のことしか頭にない人。「金さえあれば何でもできる」という人たちです。もう一つは、お金がないために、お金のことばかり考えている人。どちらも不幸です。

飲み屋でお互いの給料をああだこうだ言っているのは、もちろん後者のパターンですが、給料の額を決めるのは社員ではありません。文句を言っている暇があったら、給料が上がるべく、仕事や勉強をするべきです。確かに、ビジネスパーソンにとって、給料は成績表のようなもの。金額や明細が気になるのは理解できますが、自分に向いている関心をもっと広く、チーム全体、会社、さらには社会へと向けてみましょう。

前項では、「仕事を追う」例として、「お客様のことを考えよう」と書きました。ここでは「関心を仕事を通じての自己実現や社会への貢献に向けよう」と言いたいと思います。

自己実現については、一四〇ページで詳述しますが、なれる最高の自分になることです。

仕事、それも良い仕事をすることに集中した方が、結果として評価も上がり、収入も増えます。

「社会への貢献」といっても、慈善活動をしろというのではありません。**「良い仕事をすることが、自己実現にもつながり、結果的に社会への貢献になる」**ということです。

保険の営業担当者なら、「自分が販売する保険によって、世の中の人が安心して暮らせるようにしたい。それが、自分にとっての良い仕事で、その結果自分も幸せになれる」と考える。技術者なら、「自分の開発した製品によって、人びとの生活を便利に、豊かにしたい」と考えるわけです。

もちろん、**どんな仕事も、その仕事によって人を幸せにするという点で、大きな社会貢献活動です。そう意識できるようになれば、お金を追うのではなく、仕事を追えるようになります。**その結果、良い仕事に専念するわけですからお金もついてきます。

そうして、お金が十分に入ってくれれば、収入を細かくチェックする必要なんてありません。良い循環に入っていくのです。

◎報われる人の習慣4 関心を「お金」から「良い仕事」に向けると良い循環に入る

✕ 仕事は収入を得る手段だ

あなたは、自分の仕事を「収入を得るための手段だ」と考えていませんか？

もちろん、その側面はありますが、それだけでは「報われない人」です。

このタイプには、「仕事なんてつまらない、食べるための手段だ」と割りきっていたり、「アフター6の趣味を充実させたい」、「ワークライフバランスを大切にしなければ」と言う人が多いようです。

でも、単なる収入のための手段と考えていたら、良い仕事はできません。どうしても仕事が荒れてくるのです。手段ですから、できるだけ楽な方がいいわけです。

このタイプの人は、最初は収入のために頑張ります。でも、**ある程度の生活ができるようになると、もっと楽な方法を探そうとするのです。**目的がお金ですから、手を抜いて稼げれば、それに越したことはない、ということでしょう。

前にも述べましたが、大事なのは、お金を稼ぐために仕事をするのではなく、「金を稼げるくらいの良い仕事をしよう」と考えることです。

では、どうすれば稼げるような良い仕事ができるのか。それは、じっくりと自分の仕事を見つめ直して、**「一歩踏み込む」**のです。そうすると道は開けてきます。

最初から大それたことをする必要はありません。まずは、小さなことで一歩踏み込むのです。お客様のところに出向く際に、何かしら提案書や企画書をつくって持っていくというのでもいい。デスクワークの人ならば、仕事が終わった後に、必ず五分間掃除するというのでもいいでしょう。

その一歩は、ほんの少しでかまいません。それでも、それをするかしないか、さらに、それを続けるかどうかによって、周囲との違いは誰の目にもはっきり分かるものになってきます。

自分の仕事を大切にする習慣を身につけるのです。お客様や周りの人は、こういう人が大好きです。その差によって、人は評価するものなのです。

ところが、一歩どころか半歩も踏み込まず、「評価されない」と文句を言う人が、残念ながら多いように見受けられます。ありきたりのことをやっていて、人より評価しろというのは、無理というものです。

◎報われる人の習慣5

小さなことでも一歩踏み込む人だけが報われる

×これからは、そう簡単に収入は上がらない

「私は、お金との縁が薄い」と思い込んでいる人がいます。「これからの時代、死ぬほど努力するか、よほど運が良くないと収入は上がらない」と思っていて、時代や仕事の難しさを過大評価しているのかもしれません。

でも、たかがお金じゃないですか。甘く見てはいけませんが、必要以上に有難がるのもナンセンスです。

現在の世界は、物あまり、金《かね》あまりの時代です。こんな時代に、お金がめぐってこないのは、どこか生き方や考え方に間違いがあると考えた方がいいと私は思っています。この本は、その間違いに気づいてもらうためのものです。

少なくとも、バリバリ働くことのできる若い人には、いくらでも稼げるチャンスがあると考えるべきです。**きちんと勉強して、正しい生き方を学び、変な習慣を身につけなければ、お金ぐらいついてくるのです。**

松下電器（現パナソニック）の創業者・松下幸之助さんも、同じようなことを言っていました。「ビジネスは自然にうまくいくようになっている」と。

このためには、「自然の理法」に従うことだと、松下さんはおっしゃっています。

急に何の話かと思ったかもしれませんね。「自然の理法」や「宇宙の原理」については四〇ページで説明しましたが、その一つが『論語』に出てくる「仁」や「義」の思想だと考えます。「仁」は、一般的には「愛」であると言われていますが、「人を育《はぐく》む」という意味もあるのです。「義」は「人の世界で正しいこと」です。

『論語』の基本的な考え方は、「仁、義、礼、智、忠、信、孝、悌」で表現されていますが、そのなかでも「仁」や「義」はとても大切なことです。つまり、「人を育む」ことや「人の世界での正しいこと」は「宇宙の原理」にふさわしい重要なことだと孔子は考えている――私はそう解釈しています。

「人を育む」とは、身近な例でいえば、「周囲の人を大切にする」「お客様を大切にする」、それを通じて「社会の発展に貢献する」ということ。そうした「普通」のことができれば、お金はついてくるのです。

逆に、**お金がついてきていないなら、「普通」のことができていないと考えて、行動をチェンジするきっかけとしたいものです。**

◎報われる人の習慣6

正しい考え方で努力すれば、お金くらいついてくる

✕ 経費は堂々と使って、良い仕事をしよう

「経費は、会社が認めている金額までなら、堂々と使ってよい」と、考えていませんか？

私が銀行に勤めていた頃は、景気も良かったので、二十三時を過ぎると「タクシー帰宅」が経費で認められていました。必要不可欠な残業をした人のための措置ですが、**「使わなきゃ損」と勘違いする人が残念ながらいるものです。**彼らは、ほぼ毎日だらだら夜遅くまで仕事をし、二十三時過ぎに退社し、タクシーで帰宅していたのです。

そういう人に限って遠くに住んでいるもので、毎日のタクシー代は一万円ほど。月に二十日間になると、それだけで二十万円です。さらに、その日数分の残業代も相当な金額です。トータルで、毎月数十万円、年間数百万円に達する費用がかかっていたのです。

あなたがこの人たちの上司だったらどうでしょう、「夜遅くまでがんばっているから、ボーナスも増やしてやろう」なんて思うでしょうか。私なら、絶対に思いません。

会社の経費の財源は天から降ってくるわけではないのです。**タクシー代や残業代だって誰かが稼いだお金です。**人並みの実績でいながら経費を湯水のように使う人と、高い実績を出していながら無駄な経費はいっさい使わない人がいたら、前者の評価を下げようと思

うのが当然でしょう。となるとボーナスは減額です。ボーナスというのは単なる一時金ではなく、それには必ず評価がついていますから、出世も難しくなり、将来の給料もアップしません。

なぜ、こんなことが分からないのでしょうか。**評価や査定をしている人の気持ちを考えなければなりません。**

しかも、夜遅く帰るものだから、家に帰っても家族の団欒《だんらん》はできず、寝不足で、翌日もぎりぎりに満員電車で出社。これで朝から高いパフォーマンスを出せるはずがありません。

私は、残業代はほとんど発生させませんでした。家族と夕食をともにしていたので家庭も円満。夜はじっくり休むから、翌朝は早い時間から元気に仕事をしていました（五十八ページ参照）。

仕事は勤務時間内にきちっと終わらせるという気持ちと能力が必要なのです。

上司にしてみれば、こういう人にこそ、「残業代も経費もなしで高い成果を出したんだな。よし、ボーナスを上乗せしてやろう」と思うのが自然な流れでしょう。

会社の経費は自分のお金と同じなのです。タクシー代はタダではありません。まわりまわって、自分の収入に影響してくることを覚えておいてください。

◎報われる人の習慣7

会社の出費は「自分の出費」と思う感覚を持つ

✕ 時間よりお金が大切

「金持ちになる人の習慣に『コンビニでお金を下ろさない』がある」と書かれた本がありました。本当でしょうか？

私はコンビニ以外でお金を下ろしたことがありません。銀行へ行く時間がもったいないからです。コンビニなら二十四時間いつでも下ろせるし、待ち時間もほとんどないし、銀行よりずっと便利です。

おそらく、その人が言いたかったのは、「コンビニで下ろすと手数料がかかるから、銀行に行きなさい」ということなのでしょう。でも、お金がある人、一流の人にとっては、ささいな手数料よりも時間の方が、よほどもったいないのです。わざわざ銀行へ行くより、手数料がかかってもコンビニで下ろす方がいいわけです。コンビニでお金を下ろさないというのは、金持ちになる習慣というよりは、稼げない人の節約術としか私には思えません。

時間やその過ごし方は、お金で買えない価値を持つことがあります。

飛行機でもそうです。ＪＡＬやＡＮＡの国内線にファーストクラスやプレミアムクラスというシートが導入されて、八千円前後でゆったりと快適に過ごせるようになりました。

サービスの質を考えれば、八千円はリーズナブルです。しかし、往復で一万六千円と考えると、「時給の何時間分になるかな」と計算を始める人が出てくることでしょう。

でも、リラックスして過ごせれば、元気なまま翌日の朝から働けます。お金に換算できないプラスがあるわけです。**二万円弱くらいなら、きちんと寝て翌朝から仕事ができるようにした方がいい。**あなたの仕事の質が高まれば、評価も高まります。二万円弱くらい、あっと言う間に元がとれるわけです。

おもしろいことに、世の中は、稼げる人ほどさらに稼げる仕組みになっています。コンビニでお金を下ろす場合も、銀行口座にお金が一定額以上貯まっていれば、手数料がかかりません。銀行のATMで列に並んだりせず、さっさと下ろせます。あるところにもっと集まるようになっているのです。お金に余裕があれば、給料日前でもお金を下ろせるので、ATMも混んでおらず、さらに時間の節約ができます。

一流になってお金を稼ぐことができれば、細かく換算する必要などなくなります。

何かでお金を使ったとき、ケチケチして「時給の何時間分かな」なんて換算するのはやめましょう。換算しようと思わなくなるくらい、稼げばいいのです。

◎報われる人の習慣8

時間が一番大切な資源と思う

× 身につけるものにこだわりを持とう

若い人でずいぶん高い時計を身につけている人を見かけます。誰でも知っているブランドの金ぴかの時計を、これ見よがしにつけているのです。

正直なところ、あまり良い印象を持ちません。月給が数十万やせいぜい五十万円程度なのに、五十万や百万円の時計をしていると、金銭感覚を疑われてしまうわけで、見る人から見れば、ビジネスには向いていないと思われかねません。

もし、本当に時計が好きで、良い時計を集めているのだったら、そういうこともあるかもしれませんが、単なる見栄のために、稼ぎも貯蓄もないのに持ってはいけません。

もちろん、お金持ちであれば、それ相応のものを持つことは悪いことではありません。でも、見せびらかすようにブランド品を身につけるのは、心理学的には劣等感の裏返しです。

劣等感のない人は、必要以上にブランド品は持ちません。

良い例が皇族です。**ご本人がブランドだから、持つ必要がないのです。**

私の知り合いに、毎年何十億も利益を出している会社の社長がいます。超高級住宅地に立派な家を構えているのですが、その方は運転手さんつきの車を持たずに、タクシーに乗っているのです。ときには電車に乗っているのだとか。その方が合理的で早いと話していました。確かに、おっしゃる通りです。

小金持ちほど見栄を張りたがるのですが、この社長ほど大金持ちだと、自信があるので劣等感などないのです。

だからといって、けっしてケチなわけではなく、高級料理屋さんで奢《おご》ってくれることもよくあります。

若いうちから必要以上にブランド品など持たない方が身のためです。それに慣れてしまうと、持ち物でしか自分を表現できなくなり、他人のことも持ち物で判断してしまうようになります。

そして、こういう人は、良い仕事や仕事での自己実現には興味がありませんから、結局大して稼げず、一生劣等感にさいなまれて生きるしかなくなるのです。

それよりも、自分を磨いて自分自身がブランドになることをめざしましょう。

◎報われる人の習慣9　若いうちからブランド品を持つな、自分がブランドになろう

× 出張時のホテルはリーズナブルなところで十分だ

「出張先のホテルは、寝るだけだから、そこそこのところで十分」

――無駄を省く姿勢は私も大事にしていますが、一流のホテルには、それなりの価値があるのです。見栄を張る人は、持ち物など残るものにはお金をかけるのですが、ホテルや旅行といった残らないものにはあまりお金をかけません。もちろん、身分不相応なのは良くありませんが、いつも高いホテルに泊まるのは無理としても、**ときには背伸びして、自腹を切ってでも、ワンランクもツーランクも上のホテルに泊まることをお勧めします。**良いホテルでは、ゆっくり休めるのが大きなメリットです。良い仕事をするための準備です。

さらに、良いホテルには、それ以外にも大きなメリットがあります。

一つは、**客層が良い**こと。これだけでも、高いお金を払う価値があります。なかでもお勧めしたいのは、地方都市の格式高く評判の良いホテル。部屋もゆったりしてリラックスできるし、良い緊張感もあります。

とくに注目なのが、朝食会場やロビー。ホテルに宿泊している人たちが、どのような立ち居振る舞いをしているか、どのような服装をしているか、どのような丁寧な注文のしかたをしているか、そのすべてが勉強になります。

ただ残念ながら、有名なホテルならすべて、客層のレベルが高いとはいえません。中には「成金趣味」の人が多いのが残念な一流ホテルもありますが、高級ホテルは総じて客層は良く、サービスも洗練されています。

もう一つのメリットは、**時間を節約しコントロールできる**点です。安いホテルでは、朝食会場やフロントが混雑するので、待たされて時間の無駄が生じることがあります。伝言などを頼んでも時間がかかったり、頼りないこともあります。時間をコントロールできないのは、非常にイライラすることです。その点、ある程度以上の高級ホテルに泊まっていると、サービスは安定しています。朝食のレストランで待たされることもありません。

なかでも、**超一流のホテルの朝食会場には、凛《りん》とした雰囲気が漂っています。そうした雰囲気を味わうのも、良いホテルの価値といえるでしょう。**

人件費をケチっていないので、サービスも行き届いており、タクシーを早朝などに頼んでおいても確実に用意してくれます。最近は「価格がリーズナブルで、そこそこ良いホテル」も増えてきましたが、若い人も、ときには一流ホテルを利用してほしいものです。

◎報われる人の習慣10

一流ホテルの客層とサービスを買おう

memo

この章で気づいたこと

× 間違っていた習慣

⇨

◎ 今後身につけたい習慣

第5講

「勉強」についての間違った習慣

× 強く願えば夢はかなう

「強く願えば夢はかなう」と、いろんなところで目にします。

夢をしっかりと描けば、必ず達成できるということですが、はたして、そう書いている人は、それだけの実績があるのでしょうか。強く願っただけで夢がかなうなら、誰も苦労はしません。

本当に夢をかなえたければ、「努力」と「準備」が必要不可欠です。「努力」は「勉強」と言い換えてもいいでしょう。表面的な勉強ではなく、本質を「勉強」することです。そのことについて、この講で詳しく説明していきます。

「準備」については、第6講（一二八ページ）で説明しますが、いくらチャンスがやってきても、それに対処する準備ができていないとチャンスを生かせません。いくら心の中だけで強く願っていても、夢は達成できないのです。

こんな話を聞いたことがあります。オペラのプリマドンナが風邪で倒れ、急遽代演をした人が、そこで高い評価を受けて世界的な歌手になったという話です。

いつでも代役を務める準備をしていたからです。だからこそ、訪れたチャンスを生かすことができたわけです。サボッていた人に成功の女神は微笑みません。

このことは、私たちビジネスパーソンにももちろん当てはまります。

私の最初の転職も、準備とチャンスがうまく噛み合った結果でした。ニューヨークからの出張帰りの機内で、外務省から独立したばかりの岡本行夫氏と隣り合わせたのが「チャンス」だったのです。

岡本氏は、ちょうど外交関係のコンサルティング会社を始めた直後。普段から目の前の仕事を一生懸命行い、いくつかの資格をとるなどの勉強をして「準備」をしていた私は、岡本さんと意気投合し、「一緒に仕事をしませんか」というお誘いを受けたわけです。

もし、私が準備をしていなかったなら、それなりに話が弾んだかもしれませんが、単なる世間話で終わっていたでしょう。チャンスが来たという意識もなかったと思います。しかし、私が普段から自分の実力を高めようと準備していたことで、出会いをチャンスとしてとらえ、それを生かすことができたのです。

チャンスは、毎日やってきます。

それを生かすかどうかは、準備次第だということを忘れてはいけません。

◎報われる人の習慣7

準備ができていればチャンスを生かせる

× 勉強するなら、経済や「生き方」は後で良い

経済の勉強をしないで、株やFXに手を出す人がいますが、とんでもないことです。実際に取引をしながら勉強すればよいと思っているのでしょうか。それじゃ猛獣の棲むサバンナに、手ぶらで飛び込むようなもの。危なっかしくて見ていられません。

確かに、私たちは、子どものときからお金を使っています。しかも、社会人となって給料をもらって、ビジネスに関わっています。だから、経済なんて学ばなくても分かると思う人もいるかもしれませんが、けっしてそんなことはないのです。

たとえば、投資効果を表現するときに、「ハイリスク・ハイリターン、ローリスク・ローリターン」という言い方をしますが、勉強不足から、それを誤解して「ハイリスクをとったら、ハイリターンを得られる可能性が高い」となんとなくイメージしてしまう人がいるのです。本当にそうなら、ちっともハイリスクじゃありません。非常に危険です。

正確な表現をすると、「ハイリスクをとれば、ハイリターンを得られるかもしれない。ローリスクをとっているうちは、ハイリターンは望めず、ローリターンしかない」という意味なのです。中途半端な知識だけで投資に手を出せば、必ず大怪我をします。

また、**「守るお金」と「攻めるお金」を混同してはいけません。**

三年後に子どもが大学に入るなら、「守るお金」を確保する必要があります。その分は投資ではなく、安全な貯蓄に回さなくてはいけません。株で失敗したからといって、「学校に行くのをやめてくれ」とは言えないでしょう。それを確保したうえで、それでも余ったお金があれば初めて、ゼロになるのを覚悟して「攻めるお金」として投資に回してもよいわけです。

こうした知識は、経済の基礎の基礎ですが、分かっていない人が多い。経済活動をしているからといって、経済の勉強をしなくてよいというわけではないのです。

経済のしくみを勉強せず、我流、無手勝流でお金と関わっていると、大失敗する危険性があるわけです。

無手勝流ではダメなのは、「生き方」も同じです。何十年生きていても、きちんと勉強しなければ、人生の選択や行動を誤ります（次項で述べます）。

「経済」や「生き方」は、しっかり勉強しなくては学べないというのが私の持論です。評価の高い本を読んだり、立派な人に出会ったりして、本質を学ぶ必要があるのです。

◎報われる人の習慣2

経済と人生は、本や人から勉強しなくては分からない

× 新刊、ベストセラーを読めば十分だ

本を読むことは大切です。しかし、新刊書やベストセラーだけでは不十分です。

「今の時代に役立つのは、今の時代に書かれた本。何十年も何百年も前に書かれた本で、現代の問題は解決できない」との考えは誤りです。

確かに、若いうちは、新刊書やベストセラーに書かれた知識だけで、仕事も人生もなんとかやっていけます。なぜなら、若い頃は仕事や日常生活そのものが、比較的単純だからです。

ところが、その時期にきちんと経済の本質や、思考力、人間性、正しい生き方といった部分を磨いておかないと、いざ管理職や経営者になったときに、正しい判断をはじめ、質の高い仕事ができません。言われたことをこなすだけの「作業係」になってしまうのです。

私が、若い人に読んでほしいのは、「生き方」を語った古典です。

たとえば、孔子の『論語』。ここには、生き方の真髄が凝縮されています。孔子は今から二千五百年前に生きた人ですが、当時と今とを比べても、人として生きる「本質」は、まったく変わりがありません。それだけでなく、そこに書かれた内容が価値あるものだか

らこそ、何百年、何千年も読み継がれてきたのです。

もし『論語』が難しいというのであれば、松下幸之助さんや稲盛和夫さんのように、正しい生き方を身につけて、成功した人の本を読むことです。そうした人の書いた本を読むと、ものごとに対する見方が、がらりと変わってきます。

見方が変わると、今度はあなたの行動が変わります。行動が変われば、結果が変わってきます。結果が変われば、その達成感が快感となって、またその行動をやりたくなるのです。良い本を読むと、そうした好循環がめぐってきます。

一番良いのは「生き方」を教えてくれる立派な師匠を持つことですが、それは一般の人には難しいことでしょう。

しかし、本はその代わりになります。たとえ、松下幸之助さんや稲盛和夫さんと直接知り合うことはなくても、その本を読むことで師匠とすることができるのです。良書には、そういう力があります。新刊書やベストセラーだけでなく、若い人には、そうした良質な古典や、成功者の良書を読んでほしいものです。

◎報われる人の習慣3

良質な古典や、成功者の良書を読もう

× 速読をマスターしよう

「速読術」がブームです。私の周囲にも、本を速く読もうと努力している人がいます。

しかし、**速読で頭は良くなりません。**

本を読む目的は二つあります。一つは、情報を得ること。もう一つは、論理的思考力を養うことです。速読は、確かに情報を得ることができますが、論理的思考力を養うことはできません。だから、速読では頭は良くならないのです。

誤解しないでほしいのは、「速読は無意味」と言っているわけではないということです。

情報を仕入れるだけなら速読で十分です。

事実、私も出張や講演の合間の隙間時間には、本や雑誌を速読しています。しかし、それは読書ではなく、あくまでも情報収集です。

雑学博士をめざしたければ、速読には意味があります。量を多く読めば、それだけ情報はたくさん入ってくるからです。

しかし、「なれる最高の自分になる」（一四〇ページ参照）ために重要なのは、情報の量ではありません。重要なのは情報の「質」であり、そこからどういうことを導き出せるかという「論理的思考力」なのです。

速読しかしないまま年齢を重ねた人は、すぐに見分けがつきます。**本を読んだ数だけは多いのですが、本質を理解していないので、思考と知識が薄っぺらなのです。**

もう少し具体的にいうと、英語が少し話せるからといって、英語が分かったような気になっている人を想像するといいかもしれません。そういう人は、分かっている単語や熟語だけを拾って理解した気になっているけれど、本当のところ、難しい話になるとついていけないのです。

これは、全然分からない人以上に危険なことです。とんでもない失礼なことを言って、相手を怒らせているかもしれません。もちろん、これは英語だけでなく、経済や経営、あるいは人生でも同じことです。速読ばかりしていると、同じようなことが仕事にも起きるわけです。

管理職になってからやる仕事は、たとえば「ライバル他社との優位性をどこに見いだすか」など、単純ではありません。速読で安心してしまって、思考力を鍛えていない人には対処できません。

◎報われる人の習慣4

速読で頭は良くならない

× 本はとにかく多読すべし！

「今月は、本を百冊読みました」、「月の本代は十五万円くらいです」と言う人がいました。

私は、月に数冊しか本を読みません。

情報収集の資料としての本はもっとたくさん読みますが、それは読書には含みません。テレビを見ているのと同じだからです。

たくさん読もうとすると、自然と速読になるため、前項で紹介した速読の弊害が出てくるのです。

私が勧めたいのは、「多読」とは正反対の「熟読」です。

一ページだけでもいいから、論理的思考を要する難しい本を時間をかけてじっくり読み、内容を完全に理解するという読書法です。重要なのは、読み飛ばさないこと。資料や参考文献も参考にしながらていねいに読むのです。

熟読の対象にする本は、自分の専門分野や興味のある分野が良いでしょう。論理的思考力が高い一流の著者が書いた難しい本を選んでください。

私は経済・金融が専門なので、ノーベル経済学賞を受賞したスティグリッツによる『入門経済学』を今でもときどき熟読しています。かなり骨のある本ですから、簡単には理解できません。でも、**五ページなら五ページと区切って、知りたい部分をすべて理解することで、少なくともその領域においては、ノーベル経済学賞の学者と同じレベルの理解ができるわけです。**

本当に自分が理解して納得できたのかをチェックする方法は、**「自分の言葉で、その本の内容を他の人に伝えて、相手が納得できるか確認する」**です。重要なのは、「自分の言葉で」という点です。

本に書かれた言葉そのままを並べてしまうだけでは、きちんと理解できていない証拠です。自分の頭で理解できていれば、自分の言葉で伝えることができます。

私は若い人たちに、「人の話を聞いて、分かったつもりになってはだめだ」と、口を酸っぱくして言います。理解したつもりになって表面的な理解しかできていなければ、人に伝え、説得したり、協力してもらうことはできません。

「熟読」は、非常に時間がかかりますが、頭のためになる読書法です。こうして、本にとことん「食らいつく」ことによってはじめて、本に書かれたことが身になっていくのです。

◎報われる人の習慣5

一ページでもいいから、一流の良書を完全に理解する

✕ 情報収集は、新聞・雑誌でOK

あなたは、本を読まずに、新聞や雑誌で満足していませんか？

「新聞や雑誌を読めば、世の中のことが分かる。解説も書かれているので勉強になる」と言う人も多いでしょう。

しかし、**新聞・雑誌だけでは、本質は勉強できません。**

確かに、新聞・雑誌には、「何が起きたか」「何が起こりそうか」という表面的な現象なら詳しく書かれています。しかし、政治にしても経済にしても社会問題にしても、そこに本質的なことは書かれていませんから、論理的思考力は養えないのです。ですから、新聞や雑誌を読むだけでなく、それにプラスして本質を本で勉強するのです。

もっとも、私は新聞・雑誌の役割は現象を正確に伝えることだと思っています。本質は求めません。現象が分かりさえすれば十分です。新聞の記事の魅力は、取材力を生かした新鮮な情報やデータです。さすがに、新聞社の取材力は、素人には真似ができません。

一方、本質を勉強するためには、すでに述べたように、古典的な良書や、自分の専門である論理的レベルの高い本を読めばいいのです。

それぞれ役割分担をすればいいわけです。

新聞・雑誌は、情報を集めるツールです。そこで仕入れた情報を、自分が学んだ本質と照らし合わせて、「あの本で学んだ本質の通りだ」「なるほど、この数字とこの数字はこう関係しているのか」、「あの法則は、こういうときは通用しないのか」と確認する道具に使えばいいのです。

つまり、新聞・雑誌が、あなたの代わりにさまざまな経験をして、あなたの経験不足を補ってくれるわけです。新聞で現象を知るのです。

「新聞でも本質的な経済の勉強ができるのではないか？」と反論する人がいるかもしれません。しかし、くり返しますが、経済の勉強をしたければ、一流の経済学者の書いた本を読むことをお勧めします。

自分の勉強した本質と照らし合わせて、自分なりに仮説を立てて、その情報やデータを検証するというのが、新聞の価値ある使い方です。

◎報われる人の習慣6

新聞・雑誌は、現象の確認と情報収集に使う

✕ 調べものはネットで十分だ

情報収集の道具としては、新聞・雑誌よりも、インターネットの方が格段に便利です。調べものがあれば、ウィキペディアで何でも調べられます。

つい二十年前までは、一セット何十万円という値段で売られていた百科事典と同様の情報が、タダで手に入るのですから、時代の流れには驚かされます。ネットの普及によって、情報の値段が信じられないほど安くなってしまいました。

しかし、時間とコストをかけ、何度もていねいに推敲と校閲を重ねた百科事典にくらべて、ネットの情報は信用度に問題があります。

ウィキペディアも頭から信用してかかると、とんでもない失敗をしてしまいます。

とはいえ、世の中の複雑化、スピード化に対応するために、ネット上でも信用できる情報源を確保しておくことは大切です。ネットと新聞・雑誌のどちらが良いとか悪いとか議論しても始まりません。

それぞれ、どううまく活用するかが問題なのです。

私がネットの利点と考えているのは、すばやく検索ができることだけではありません。

サイトを選びさえすれば、信頼できる生データを確実に得られるのです。

たとえば、企業の決算短信や有価証券報告書です。今では、世界中の企業のこうした資料が、オフィスや自宅に居ながらにして無料で見られます。

また、**私がネットで一番重宝しているのは、政府や日銀などの公的機関やシンクタンクの統計です。**

こうした機関が出す数字は、言うまでもなく生データ（一次資料）です。新聞・雑誌のようなマスコミは、こうした生データをもとに記事を書いています。

若い人には、「生データを見る」ことの重要性をぜひ認識してほしいと思います。ネットはあまりにも便利になりすぎているところに落とし穴があります。引用、孫引きをくり返している間に、数字や前提が歪められていることもしばしばあります。そうした危険性を認識したうえで、ネットを活用してほしいと思うのです。

◎報われる人の習慣7

信頼できる情報源を確保し、生データを使いこなそう

× 自分の仕事には問題解決力は要らない

「平社員でいるうちは、とにかく上司から指示された仕事をきちんとこなすのが良い。余計なことをして波風を立てたらつまらない」――どこかで聞いたこと、ありませんか？

でも、「やれ」と言われたことだけをやっていれば良かったのは、右肩上がりの時代の話です。

当時は、自分の仕事だけやっていれば、なんとかなりました。黙っていても年功序列で給料は上がり、よほどのヘマをしなければクビにはならず、定年まで働けたわけです。ただひたすら、モーレツサラリーマンのように働けば、それなりに報われた時代です。問題解決力など必要ありませんでした。

しかし、今の若い人はそんなことを言っていられません。問題解決は、コンサルタントだけがするものではありません。

いまや、すべてのビジネスパーソンにとって、問題解決力が問われる時代になっています。言われたことをやるだけでは、もはや十分な評価はされません。

たとえば、営業パーソンは、お客様と直接顔を合わせる仕事だから、お客様の問題を解決するというスキルは欠かせません。お客様が困っていることを、こちらから積極的に探り出して、その解決法を提案し、提供しなくては仕事が成り立ちません。右肩上がりの時代と違って、お客様からの求めを待っているだけでは、仕事にならないのです。

事は営業パーソンだけではありません。どんな仕事をしていても、関わる人たちが周りに存在しています。

また、仕事だけでなく、人生の問題すべてにおいて、自分と利害関係を持っている人が存在します。そうした人たちも、広い意味でお客様です。

「どんな仕事でも、どんな人にもお客様がいる」ということを大前提として、そうしたお客様の問題を解決できるかどうかが、これからのビジネスパーソンの能力を問われる大きなポイントとなっているのです。

いいかえれば、**どんな職種についている人も、それぞれコンサルタントとして活動することが不可欠な時代になっているわけです。**

◎報われる人の習慣8

すべてのビジネスパーソンはコンサルタント。問題解決力が不可欠だ

✕ 仮説検証の方法を学ぶのは大変だ

「仮説を立てて、検証する」のが大事だということは、多くの人が考えていることです。
では、その入り口の「仮説を持つ」ためのポイントは何でしょう？

それは、関心を持つことです。関心を持たないと、たとえ視野に入っていても、ものは見えてきません。**関心を持つことで、初めてものが「見えてくる」のです。**すると、「あれ？どうしてだろう？」「本当かな？」という疑問が必ず出てきます。

そうしたら、自分の論理的思考力を駆使して「実はこういうことなのでは？」と仮説を立てるわけです。仮説を立てれば、ものがさらにはっきり見えてきます。

その仮説が本当なのかどうか、実際のデータや現象を確認して検証するわけです。つまり、**「関心→疑問→仮説→検証」**という順番です。

たとえば、私は職場の最寄り駅で、こんな仮説を持ちました。駅前では、以前からある雑誌の販売が行われています。その雑誌は、創刊当初からホームレスを救済するという目的のもと、ホームレスの男性に街頭に出てもらい、販売を委託することで売り上げの一部を手数料として支払っているのです。

販売員の男性たちは、当初、いかにもホームレスという身なりで売っていたのですが、何年かたつうちにどんどん服装が良くなっていくではないですか。しかも、売っている男性は、私の知る限り、当初から何年も交代せず、同じ人です。私はこの雑誌に「関心」を持っていたので、このことに気づき、「なぜ、服装が良くなったのか？　なぜ男性は交代しないのか？」という「疑問」を持ったのです。

そして、私なりの「仮説」を立てました。「仕事をしたいのにできないホームレスは、たくさんいるはずだ。それなのに、販売員が交代しないのは、既得権益になっているからではないか」というものです。当初は、多くのホームレスを救うことが目的だったのでしょうが、現実は一部の人だけが儲かる「仕事」になっていると考えたのです。具体的な「検証」はしていませんが、おそらくこのビジネスモデルも当初の目的とは違っているのではないかと思います。

こうした仮説検証の対象は、街のどこにでも転がっています。**関心を持って、現象を見ていくと、目に映るものが次々に仮説検証の対象になるのです。そのたびに、「関心→疑問→仮説→検証」をくり返せば、どんどん論理的思考力が高まっていくわけです。**

◎報われる人の習慣9　関心を持てばいつでも仮説検証の練習ができる

× 外出中はいつもスマホやiPodで音楽を聴いている

朝の通勤電車の中でゲームに没頭しているサラリーマンや、大きい音で音楽を聴いている人をよく見かけます。「時間を無駄にしているな」と残念に思います。

もちろん、通勤途中に、スマートフォンやiPodなどの携帯音楽プレーヤーでビジネスの講義を聴くのはおすすめです。また、ときには仕事で疲れた頭を音楽でリフレッシュしたくなるのも分かります。でも、「外出時にはいつも必ず音楽を聴いている」というのは、外界からの情報が遮断されるため、もったいないと思います。

街歩きも電車による移動も、発見に満ちています。

ずいぶん前のことですが、横断歩道の模様が新しくなっていることに気づきました。以前は、縞模様の両端に、縦線が引かれていたのです。ここで、「なぜだろう?」と疑問を感じるかどうかが、大切です。

ところが、**人は、新しいものには目を奪われやすい一方、なくなったものに、なかなか気づきません。**普段から周囲のものに関心を持っていないと、見えてこないからです。

ちなみに、横断歩道の縦線が消えた理由は分かりますか? 一つは、水はけをよくするため、もう一つは、白線に使う塗料の量を減らすためです。

街歩きをしていると、こんな「頭を鍛える」素材はあちこちに転がっています。

カフェに行けば、仕事では接する機会のない学生さんの話を耳にすることもできます。馬鹿話をしている人たちもいますが、その話が興味深くてタメになることもあります。さきほどはゲームの批判をしましたが、車内でゲームをやっている人の機種を見れば、流行りすたりも一目瞭然です。まさに、街は「発見のワンダーランド」「頭を良くするトレーニング場」といってよいでしょう。

頭の健康のためにも街歩きは大切です。私の場合、良いアイデアがひらめくのは、よく寝た朝か、道を歩いていて角を曲がったとき。視界がパッと変わることで、なにか刺激が加わるのかもしれません。

また、私は機会があれば、**できるだけ知らない道を歩く**ようにしています。そうすると、頭にも刺激になるし、新しいことを発見することも少なくないからです。チャレンジ精神も湧いてきます。

心地よさ、安心、ラクさだけを求めていると人間が小さくなってしまうのです。

◎報われる人の習慣10
外界の情報を遮断せず、発見力を磨こう

memo

この章で気づいたこと

× 間違っていた習慣

⇨

◎ 今後身につけたい習慣

第6講

「目標」についての間違った習慣

×「仕事が速い＝優秀」だと思う

「仕事が速い＝優秀な人だ。だからそうなるように頑張ろう」というのだけでは、不十分です。

確かに、若いうちは目の前の仕事を速くこなせる人間が出世します。右から左へテキパキと仕事を片づける人は、「バリバリ仕事をしている」と評価されるからです。

しかし、それは三十代までのこと。四十、五十代になって管理職、ひいては役員になり、仕事の内容がマネジメント中心になると、求められる能力が変わります。速さよりも、思考力、判断力がなければ務まらないようになるのです。なぜなら、会社のマネジメントというのは単純な仕事ではないからです。

例えば、「自社のA部門を売却したい」、「新規事業に参入したい」という案件を判断するには、会計、財務や法律について考慮に入れなくてはならないし、社員の待遇や地域社会のことも考えなくてはなりません。社会状況やライバル企業の動向も検討する必要があります。そこは、「1＋1＝2」といった単純な世界ではありません。深くものを考えられる人でないと務まらないのです。

そうした世界において、頭のいい人とは、「論理的思考力」のレベルが高い人です。ビジネスの本質をわきまえ、論理的に考えられる力を持っている人です。

では、論理的思考力を高めるにはどうするか。一朝一夕にはできません。詳しくは第5講で述べましたが、若いうちから深みのある難しい本を読んで、頭を鍛えなくてはいけません。残念ながら、速読や記憶術で単純なことをたくさん知っているだけの人は、若いうちの簡単な仕事をこなすのには適しているでしょうが、複雑な思考には追いついていけないのです。

世の中には、若いうちは評価が高かったのに、年とったらダメになった人が数多くいます。論理的思考力が低いままだから、四十、五十代になって直面する複雑な仕事に対応できないのです。

こうした事実に、四十歳を過ぎて気づいても厳しいものがあります。結局、そうした人は論理的思考力がないために、経営的な仕事にはつけなくなってしまうのです。仕事は楽かもしれないが、評価は若いときのレベルのまま。報酬も残念ながら上がらないのです。

やはり、若いうちから論理的思考力を鍛えなくてはいけません。

◎報われる人の習慣1

スピード勝負は若いときだけ。「思考力」勝負に備えよう

× 地位が人をつくる

「地位が人をつくる」という言葉を信用していませんか？

これは、じつにいい加減な言葉です。もし、本当に「地位が人をつくる」のなら苦労はありません。企業の二代目、三代目は、早く社長にしてしまえばいいし、日本の総理大臣は誰がなっても安心でしょう。

しかし、実際にはそんなことはありません。

あなたも、「地位は人をつくらない」ケースをよく目にしているのではありませんか？

高い地位についたからといって、高い能力を養えたり、発揮できるわけではないのです。

もちろん、なかには高いポストについたことによって、さらに伸びる人や、それまで隠されていた能力を発揮して、素晴らしい業績を残す人も確かにいます。

違いはどこにあるのでしょうか。

先にも少し述べましたが、それは、準備をしているかどうかです。**基礎的な知識を蓄え、論理的な思考を磨いているかどうか、それが違いを生んでいるのです。**

地位につくのは「チャンス」です。チャンスはいつやって来るか分かりません。いつチャンスが来ても生かせるように、常日頃から「準備」をしていなくてはいけません。それをしているかどうかが、ポストについてからの評価を決めるわけです。

私はよく講演で言うのですが、**「チャンス」の対《つい》の言葉は「準備」なのです。**

コンサルタントをしていると、準備をしていない人が、運や世渡りだけでたまたま企業のトップにつく例をよく目にします。本人はラッキーだと思っているかもしれませんが、これほど危険なことはありません。実力がないから、すぐに馬脚をあらわし、中小企業の場合だと、それだけで会社がつぶれる原因になります。これでは、本人にとっても社員にとっても悲劇です。

これは中小企業だけでなく、大企業でも同じこと。東京電力などいい例でしょう。規制に守られているから、準備などしなくても、世渡りだけでトップになれたのです。こうして、ふさわしくない人が次々にトップについた結果、今では破綻の憂き目に遭っているわけです。東日本大震災はきっかけに過ぎません。

ふさわしくない人がトップにつくと、遅かれ早かれその組織は崩壊するしかないのです。

◎報われる人の習慣2 「準備」ができていなければ、どんなポストについてもダメ

×「あいつには負けない」がエネルギーを生む

「あいつにだけは負けたくない」――あなたには、そんなライバルがいますか？

もし、いるなら、ひとつだけ気をつけていただきたいことがあります。

それは、ネガティブなことを言うようですが、ライバルに勝ったとたんに満足してしまいがちだし、相手よりも上になりたいと考えると、「足を引っ張ってやろう」「相手のミスを見つけてやるぞ」などと考えるようになりがちだ、ということです。

会社全体の利益を考えずに、ライバルと自分の関係しか見えなくなってしまうのです。

ライバルの足を引っ張ろうと考える人は、全体のパイが一定と思い込んでいるのでしょう。もし一定なら、ライバルの順位が下がると、自分の順位が上がります。

しかし、ビジネスや人生は入学試験とは違います。

ビジネスの場合、**自分が良い仕事をしていけば、いくらでも全体のパイが増えていくのです。**そうなれば、相手の成績に関係なく、あなたの評価は高まっていくわけで、「なれる最高の自分」にいくらでも近づけます。

「あいつには負けない」なんて考える暇があったら、純粋に自分自身のレベルを上げる方がずっと効率的なんです。ビジネスも人生も弱肉強食ではなく、優勝劣敗なのです。

ただ、一度ライバル心が芽生えると、人間、どうしても相手の出世や評価が気になってしまうものです。ですから、どこかの時点で「他人を気にする状況」から脱却しないといけません。

私自身のことを言えば、銀行時代には同期で「こいつには勝てない」と思える人が数人はいました。でも、ライバルだと思ったことはありません。**勝てないやつには勝てないと割り切って、我が道を行ったのです。自分の得意な分野で活躍しようと思ったのです。**

もともと、私は他人と比べられるのが好きではないし、誰かをモデルにして頑張るのも好きではありません。桜はチューリップになれないし、チューリップはすみれにはなれないのです。相手と自分を比べるよりも、それぞれの強みを生かして、自分の仕事を充実させていくことがずっと大事ではないでしょうか。それができれば、パイも増えていくわけです。

良い仕事をしていれば、他人のことなど気になりません。他人を気にしているうちは、一流の良い仕事はできません。

◎報われる人の習慣3

他人を気にしているうちは実力を出せない

×オンリーワンでいたい

「ナンバーワンより、オンリーワンでいたい」と言う人がいます。それも決して悪いことではありません。ただ、少々厳しいようですが、もしそれが、**ナンバーワンになれない人の負け惜しみなら、問題があります。**

もちろん、ビジネスにおいても、人にはそれぞれ個性があって、誰もがオンリーワンの存在です。努力をしなくてもオンリーワンには違いないのです。

でも、努力をしたくない言い訳として、「オンリーワンになりたい」というセリフが使われるのなら問題があります。

こうしたオンリーワンは、私に言わせれば「ネガティブなオンリーワン」です。

反対に「ポジティブなオンリーワン」もあります。周囲から「彼にしかできない」、「彼女からしか買わない」、「あの企業でなきゃ出せない製品」と評価される種類のものです。

自称はダメで、他人が認めるオンリーワンでなくては価値がないということです。

「ポジティブなオンリーワン」とは、能力や技術を磨いてナンバーワンの実力をつけた結果、オンリーワンと評価されるものです。あるいは、独自の技術などを磨いて、それしかないという存在になった場合です。

私が仕事でお付き合いをしている住田光学ガラスという企業があります。規模は大きくありませんが、世界最高水準のレンズの素材をつくる会社として業界で広く知られています。高級一眼レフをはじめ世界最高級のレンズの素材は、ほとんどがこの会社の製品です。国内はもちろん、ドイツの世界的な光学機器メーカーであるカールツァイスとライカも、この会社からガラスを仕入れています。携帯電話のプラスチックレンズも、その多くが住田光学ガラス製です。

先代の社長さんとお会いしたときに、こんな話を聞きました。

「うちはオンリーワンよりナンバーワンでありたい。ナンバーワンだからこそ価値がある」

確かに、中途半端な技術しかない会社では、いくらでも代わりがあるから、ある日突然受注がなくなるかもしれません。足元を見られて値切られてしまいます。

しかし、**他社が絶対に追いつけないレベルの製品をつくれば、相手も値切るわけにはいきません。**それはその企業がナンバーワンだからであり、結果的にお客様から見ればオンリーワンになるからです。これこそ、「ポジティブなオンリーワン」です。

◎報われる人の習慣4
ナンバーワンになる

× まずは二番手になろう

ひところ、「二番じゃダメなんでしょうか」という言葉が流行りました。

国家予算の無駄遣いを防ぐため、膨大な出費をしてまで世界一のスーパーコンピューターをつくらなくてもいいじゃないか、という流れから出てきた発言です。

これは、前述の「ネガティブなオンリーワン思考」です。

少なくともビジネスや仕事においては、二番手で安住せず、一番をめざさなくてはいけません。**「二番でもいいや」では、二番にすらなれません。**

セブン&アイ・ホールディングスCEOの鈴木敏文氏も、著書『商売の原点』（講談社）で、**「セブン‐イレブンは、オンリーワンではなく、ナンバーワンでありたい」**と述べています。一番手であることの大事さを知っているからです。

コンビニ業界最大手のセブン‐イレブンは、一店舗当たりの売り上げが、ほかのコンビニより三割以上多くなっています。他チェーンが一店舗一日当たり平均四十万～五十万円台の売り上げなのに対して、平均約六十四万円を売り上げています（平成二十四年度）。

これは大きな違いです。一日十七万円の違いは、一カ月で五百十万円、一年では六千万円以上！　これが全国の一万五千店で、毎日、積み重なるのです。

もちろん、一番手になるのは簡単なことではありません。

セブン‐イレブンでは、他チェーン店が「大事だと分かっていてもできないこと」を徹底しています。

鈴木氏はこの本の冒頭で、「品揃え、鮮度管理、クリーンリネス、フレンドリーサービス、これが私どもの商売の基本四原則です」と書いています。一見、特にどうということもない要素が並んでいるように見えるかもしれませんが、四つをすべて並行して徹底し、すべてクリアするのは容易ではありません。この大切さは業界の人なら誰でも知っています。

それをやり通しているからこそ、結果として大きな売り上げの差が出て、ナンバーワンになり、同時にオンリーワンになっているのです。

ただ、誤解しないでいただきたいのは、何も規模だけが一番なのが良いと言っているのではありません。**お客さまが望むＱＰＳ（Quality, Price, Service）の組み合わせで、お客様から見て一番になることが大切なのです。**売上高一番はその結果です。中身で一番が大切なのです。

◎報われる人の習慣5　「一番」をめざさなければ二番にもなれない

×あくせく一番をめざす必要はない

今、あなたは課で二番の成績だとしましょう。一番の人に、どんな感情を抱きますか？「素直に尊敬する」であれば良いのですが、多くの場合、ポジティブな対抗心だけでなく、ネガティブなひがみや妬《ねた》み、劣等感が多少なりとも渦巻いているものです。

それに対して、ナンバーワンは、もとより発想が違います。ケチケチしていないのです。**二番手は一番手ばかり気にしますが、一番手は、より広く組織全体、社会、国、世界、時代を見ています。視野のスケールが違うのです。**

以前、建築家の安藤忠雄氏の講演を聞いたときの、安藤氏の肩書が「東京大学名誉教授、副学長」というのを聞いて、「東大ってすごいな」と心から思ったものです。安藤氏は東大卒ではないどころか、大学教育も受けず、独学で建築を勉強して評価を得た人です。そういう人が東大工学部の教授に迎えられ、定年後は名誉教授副学長となられたのです。

東大は日本のリーダーを養成するナンバーワンの大学だからこそ、自校の卒業生に限らず、本当に有為な人だと判断したら、教授にも、そして副学長にもするのでしょう。

ところが、一・五流や二流の大学になると、そうではありません。自校OBを、いかに教授にするかに汲々としている大学も多いと聞きます。考え方のスケールが小さいのです。

一流でない大学こそ優秀な教員を雇うべきではありませんか。学生の素質を見ても、それほど劣っているとは思えません。たまたま教え方の上手い教師に出会えなかった、家庭の事情で受験勉強に専念できなかったという人も多いのです。そういう学生を、一流大学の学生に負けないように教育して社会に送り出すのが、大学の使命だと思います。

私は京都大学の出身で、立派な先生方もたくさんいらっしゃいましたが、中には授業で「東京大学ではこう言っている」と明らかに東大を過剰に意識した先生たちもいたのは事実です。ナンバー2のある意味、悲哀です。もちろん、それをバネにすることは悪いことではありませんが、関西で生まれ育ち「京大が日本一」と信じて入学した学生としては、かなりがっかりした記憶があります。これは、大学も企業も、そして個人も同じです。やはりナンバーワンでなければできない自由な発想があるのです。

ナンバーワンだからこそできる、たとえば「社会により貢献するために、広く人材を登用する。自校OBかどうかなど不問」という、大きく自由な、余裕ある発想があるのです。

そういう発想で、仕事をしていきたいと思いませんか？

◎報われる人の習慣6

ナンバーワンにしかできない発想がある

✕ 東大生は使えない

「ナンバーワン」について、もう一つ。東大生を、あなたはどう評価していますか？「頭でっかちで行動力がない」、「プライドばかり高くて融通が利かない」、「知識はあるが人間関係に弱い」など、ネガティブな評価をよく聞きます。

でも、私はポジティブに見ています。数多くの東大卒業生を見てきましたが、「さすがにナンバーワンの大学を出ただけある」と納得する場面がしばしばありました。

経営者の方からうかがったエピソードです。その会社では、新人研修の際に「息こらえ」、つまり、顔を水につけて息をどれだけ止められるかを測るのだそうですが、たいてい東大の卒業生が一番長いそうです。**「東大卒業生は我慢強い」**と聞いて、意外に思う人も多いでしょう。でも、私は「なるほど」と納得しました。なぜなら、東大というところは、小さいころから、遊びたいのを我慢して勉強した子が行ける最難関の大学だからです。

いくら親が金持ちでも、有名な政治家であっても、成績が良くなければ入れません。本人が頑張って勉強しない限り、ほかに方法がないのです。結果的に、我慢強い人が集まるのは当然だと納得できます。

東大生から学ぶ点はいくらでもあります。私が出会った東大卒業生の中には、頭でっかちで行動力がない人もたくさんいましたが、一方、肉体的にも精神的にも優れたパフォーマンスを見せてくれた人も多くいました。

どうしても東大生には劣等感を持ってしまうという人は、「敵から学ぶ」というスタンスで付き合えばいいのです。**東大生のいいところを盗み、悪いところは真似をしない。そうすれば、あなたは間違いなく東大生以上になれます。**

学歴なんて、気にするだけ時間の無駄です。右肩上がりの高度成長期ならともかく、学歴や学閥が幅を利かせる時代はとっくに終わっています。要は、実力があるかないかが問題なのです。東大生は一番実力があるから東大に入れたと素直に考えられるかどうかです（ただし、あなたが一流大学卒の場合、そうでない人は一流大卒でないことを意外に気にしている、ということは知っておいた方がいいでしょう）。

今の時代、学閥などというものが機能できるのは、独占企業や役所くらいです。もし、一般の会社で学閥が幅を利かせているとしたら、遅かれ早かれ傾くでしょう。今のうちから他社でも通用する実力をつけておくことをお勧めします。

◎報われる人の習慣7

東大生から学ぶことは山ほどある

×「なりたい自分」になる

自己実現というと、「なりたい自分になること」とイメージしていませんか？
「年収二千万稼ぐ」「外資でバリバリ働く」「会計士になる」「中国で起業する」「会社でエースになり、愛する家族と幸せにすごす」など、いろいろな形があると思います。こういうイメージの仕方で目標をクリアしていける人もいますが、それには大前提があるのです。多くの人がそれを知りません。

夢を持つだけでは実現できないことが多いのです。自己実現するためには、もうひとつ、実はステップがあるのです。

そのステップを知り、そのための心構えを持つことが大切なのです。それを知っていればさらに上のステージに行き、なりたい自分に近づけたはずなのにもったいない話です。

では、その考え方とは何か。

それは**「〝なれる最高の自分〟をめざす」**ということです。人それぞれ、能力や持って生まれたキャラクターは違います。ユリはバラにはなれません。ないものねだりをするよりも、最高のユリになる、と決めて持てる力を注ぎ込む方が、はるかに充実した人生になります。

いいかえれば、「なれる最高の自分」とは、その人が持つ能力、適性、環境などをフルに発揮して、ようやく達するレベルの自分のことです。そして、その延長線上になりたい自分があるということを認識しなければなりません。なれる最高の自分をめざし、毎日努力する。そして、それを積み重ねていくうちに、なりたい自分に近づき、そしてそれが実現していくのです。つまり、なれる最高の自分をめざして努力した先が、なりたい自分だということです。

そして、多くの人は、人生の一番良い時間帯を仕事に使っています。せっかく人生の一番良い時間を仕事に費すのですから、仕事でも「なれる最高の自分」をめざし、その先にある、なりたい自分を手に入れたいものです。

そうすれば、**仕事だけでなく、人生トータルのステージがランクアップし続ける、充実した毎日をすごせるようになります。**人生のステージがランクアップすれば**自分の能力、経験、人脈などを生かし、社会に貢献し、人にさらに感謝される人生を送れるようになる**からです。

より人生のステージが上がる方が、より次元の高い風景を見ることができます。

そのためには、若いうちから**目の前のことに、とにかく精一杯一〇〇%のエネルギーを**

注ぐ習慣が欠かせません。それを続ければ、誰でも「なれる最高の自分」になれます。そして、その習慣を持てば、実力も確実に上がっていきます。そして、それを続けているうちに周りや世間が認める実力を身につけ、最終的にはなりたい自分が現実化するのです。ただ単に、なりたい姿を夢見ているだけでは不十分なのです。

あなたの周りにも、手を抜く上司や先輩がいるでしょう。しかし彼らはおそらく、自覚はあまりない。まじめにやっているつもりなのか、それともそれが「上手い」世渡りと思っているのかもしれません。

手を抜き、全力を出さない「省エネ仕事」を何年かすると、人間というのは悲しいかな、もはや全力を出せない脳と身体になってしまう生きものなのです。恐ろしい話ですが、多くの人を見てきた実感です。

彼らは、実力も上がらず、年功序列が崩れたこの時代では、一生、地位も給与も大して上がらない人生を送るはずです。そして、何よりも仕事で自己実現を果たせない、もったいない、報われない人生を送るはずです。というよりも、送らざるをえない考え方や習慣を持っているのです。

◎報われる人の習慣8

「なれる最高の自分」をめざす人だけが、なりたい自分になれる

×一人前ならそれでいい

「早く一人前になりたい」と思っていませんか？

もちろん、そう思うこと自体は悪くありません。一人前にならないことには、何も始まらないからです。しかし、一人前になったからといって、それで満足していてはダメなのです。

「一人前」と「一流」は、まったく違います。

一人前とは、右から左に仕事をこなせるようになった状態のこと。厳しい言い方ですが、ようやく二流にたどりついたレベルで、スタートラインに立ったにすぎないのです。

問題は、そこから一流をめざすかどうかです。ところが、**ほとんどの人は、一人前になった時点で努力をやめてしまう。**

確かに、一人前になれば、周囲は文句を言わないし、自分の力でそこそこ食べてもいけます。でも、もうひと頑張りすれば、一流になれるのです。一流になれば、それまでとはまったく違う世界が開けてきます。「なれる最高の自分」にもなれるのです。それなのに、その可能性を自分から放棄するなんて、本当にもったいない……。

一人前から一流にアップグレードするには、二つのポイントがあります。

一つは、常に目の前のことに一〇〇％の力を発揮すること。そして、その習慣を身につけること。もう一つは、ケース・バイ・ケースですが、いま持っているものを手放すこと。握っているものを手放す勇気がないと、一流にはなれません。

こんな人がいました。ある大都市の市議会議員を何期も務めている人です。選挙も強くて、毎回トップ当選。能力も人間性も優れていて、おそらく国政に打って出れば、間違いなく大臣にはなれるでしょう。周囲の人もこのような人に国政を担ってほしいですから、「国政に挑戦しろ」と期待をしてきたのですが、とうとう決心しませんでした。政令指定都市の市議というのは、その地域ではステータスが高いため、居心地が良いのでしょう。だから、現在の地位を捨ててまで、国政に挑戦したくはないのだと思います。

非常に残念ですが、本人の価値観だからしかたがありません。しかし、私自身も銀行員という安定的な仕事を捨てたからこそ、今があります。

一流になる能力もエネルギーもあるのに、握っているものを手放したくないために、みすみすチャンスを逃していることもあるのです。

◎報われる人の習慣9

「一人前」は二流の別名。一流になるまで努力する

✕ 自分や、会社はGOODな状態だと思う

一人前の社員が揃っている会社は、「GOOD」な状態です。社員がみな自分の仕事を着実にこなすので、業績もそこそこ良く、和気あいあいの雰囲気で、ある意味居心地の良い会社になっています。

しかし、**GOODな状態でいる限り、本当の一流にはなれません。「GREAT」にはなれないのです。めざすべきは、GOODではなく、GREATです。**

GOODとGREATの間には、世間の評価では大きな隔たりがあります。いや、それどころか、GOODであることは、GREATへの成長を妨げる原因でさえあるのです。

「良好《グッド》は偉大《グレート》の敵である」――これは、経営論の名著『ビジョナリー・カンパニー』の続編、『ビジョナリー カンパニー 2』（日経BP社）の冒頭に書かれている言葉です。

私がこの本を手にしたのは、かなり業績の良い企業から「業績を伸ばしたい」というコンサルティングを依頼された時期です。ダメな会社を立て直す仕事には自信があったのですが、良い会社の業績をさらに良くしたいという依頼は、これがはじめてでした。

さてどうしようかと思っていたときに、さきほどの言葉が目に入りました。目からうろ

こが落ちるとは、このことです。この瞬間、私がやるべきことは決まりました。

GOODな会社をGREATな会社にするには、GOODな部分を伸ばすだけでは不十分です。**GOODなゆえに生じた弊害を取り除かなくてはいけないのです。**

GOODな会社にはGOODな社員がいて、過不足なく仕事をしています。十分に居心地もよく、しかもそこそこ儲かるのですから、無理して向上しようとは誰も思いません。

しかし、そうしたぬるま湯につかって満足していると、猛烈なスピードで変化する世の中から取り残されてしまいます。変化する力を失っていると、現状では問題がなくても、気づいたときには取り返しのつかない状態になってしまうのです。

こういう企業では、お互いが緊張感を持って切磋琢磨《せっさたくま》することが重要です。

これは個人のレベルでも同じです。今、皆さんがGOODな状況にいるなら要注意です。GREATをめざすのです。GOODだけではそのうちGOODでさえいられなくなるかもしれません。それに安住していてはいけないのです。常に「なれる最高の自分」をめざして、前向きに努力することが大切なのです。

◎報われる人の習慣10
GOODはGREATの敵である

× 社内で認められているので、それなりに実力はあると思う

社内でそこそこ評価されているから、「私はできる人」と勘違いしている――これは要注意です。

本当の「実力」とは、他社でも通用する能力のことです。自社でしか通用しない能力は実力ではなく、「世渡り」です。

いまや世渡りだけでは、社内での出世もできなくなる時代になりつつあります。

確かに、高度成長期や独占企業、あるいは役所では世渡りも重要で、それだけで社長やトップになった人も数多くいました。誰がトップをやっても問題がないからです。社会全体が右肩上がりなら、または、独占企業のような場合にはトップが凡庸でもそこそこの業績を上げられたのです。

世渡りで出世できるのだから、社員も世渡りの技術習得に励みました。平日は毎日遅くまで残業と宴会、休日は接待ゴルフというのが、昇進の条件でした。

しかし、それで出世できた時代は、大方の企業では二十年前に終わっています。いまだに頭の切り替えができない人がいるのには驚きます。さらには、M&Aなどで、自社があ

る日突然他社と合併するというようなことも日常茶飯事になっています。

このような時代に重要なのは、世渡り術ではありません。他社あるいは他業界でも通用する実力です。

ではどうすればよいかというと、他社で通用する能力を磨くには、本質を深く勉強することです。勉強の方法は、第5講で紹介しましたが、表面的な現象を追うのではなく、その底に流れる本質を知ることが大切です。

表面的な現象は、会社や業界によって異なりますが、根っこにあるビジネスの本質は共通しています。そこを学んでおけば、転職しても応用がきくのです。

社内で少々昇進したからといって、浮かれてはいけません。これだけ情報が行きかう時代です。**本当に実力があれば、ヘッドハンティングの話の一つや二つ、来ていて当然です。**

四十歳を過ぎて、他社から一度も声がかかったことがないとしたら、優秀すぎて絶対に引き抜けないと判断されたか、まったく実力がなくて候補にもあがっていないか、どちらかだと考えた方がよいでしょう。

◎報われる人の習慣 77

実力とは「他社でも通用する能力」

✕ 直観でなく、時間をかけて判断しなくてはいけない

腕組みをし、沈思黙考、何日も熟慮にも熟慮を重ねたうえに結論を出す。動かざること山の如し——こういうのが本当の仕事のやり方だと考えていませんか？

できる人ほど、すばやく決断します。私がお付き合いした人は、例外なくそうでした。むしろ、**判断に時間をかけない人の方が良い仕事をしています。**

若い人は、時間をかければかけるほど、良い結果が出ると考えがちです。しかし、くり返しますが、それが当てはまるのは二十代や三十代前半が担当する単純な仕事だけです。

一方で、年を経て地位が高くなればなるほど、仕事はマネジメント業務が中心となってきます。そうなると、時間をかけたから良い結論が出せるわけではありません。直観的に結論を下した方が、的確な判断となる場合が多いのです。

「直観に頼っていたら、判断ミスをするのでは？」

そう心配する人がいるかもしれませんが、ビジネスの本質を勉強して、数多くの経験を積んだ人は、瞬時に適切な判断ができるのです。逆の言い方をすれば、それまでにじっくりと本質を勉強し、なおかつ経験を積んでいるということが大前提です。

そのレベルに達していない人の「直観」は、単なる占いレベルです。これでは、正しい判断はできず、失敗を招いてしまいます。

ノーベル賞の受賞者の話を聞いていると、考えに考え抜いているときには結論が出ず、最後にパッとひらめいたというエピソードをよく耳にします。普段からそのことを徹底的に考え抜いていたからこそ、最後に直観が働くわけです。

ビジネスの世界でも同じことです。もちろん、直観で判断できる能力を身につけるまでには、じっくりと論理的思考力を養う時期が必要です。それが身につけば、自分のなかに確固とした原理原則を持てるようになります。

その結果、その**原理原則に照らし合わせて、直観的に、一瞬で判断し、決断できるようになるのです。**

大切なのはその順番です。決断の場面が目の前にきて、そこで初めて論理的思考力を養おうとするのではお話になりません。

いざというときに直観的に判断・決断できる能力を身につけるために、若いうちから論理的思考力を養うことが何よりも重要なのです。

◎報われる人の習慣12

直観で判断できるレベルをめざそう

✕ 目標は、長期から短期に落とし込む

「目標も立てずに漫然と与えられた仕事をしているといずれ後悔する。十年後どうなっていたいかの目標（長期ビジョン）をまず立てよう。そこから、この三年で何を達成しておけばいいか、この一年では、今月は、今日は、と逆算していくと良い」

――多くのビジネス書に書いてありますが、正しいでしょうか？

残念ながら、これは「報われない習慣」だと私は思っています。もちろん、まったく目標を立てないよりも立てたほうが良いに決まっています。でも、長期目標を短期目標に落とし込みができて成功する人はごくわずかです。ましてや人生の目標や目的から落とし込めるようになるには、かなり自分の人生を分かってからでないと難しいと思います。

若いうちから長期的なビジョンを持てる人は、そうそういません。可能性がありすぎるからです。

孔子も『論語』で「四十にして惑わず、五十にして（天）命を知る」と述べています。二十～三十代は、いろいろな可能性があるので絞り込めず、人生の目標、つまり「自分はこの人生で何を成すか」を見極めるのは難しいというのが、本当のところではないでしょ

うか。見極めたとしても、そのときイメージできる範囲の小さくまとまったものになったり、反対に、非現実的で荒唐《こうとう》無稽《むけい》なものになりがちです。

そして、長期目標というのは、普段の生活では目の前のことに没頭して、いつもそれを念頭において行動するのは現実的には結構難しいことです。

しかも、変化の速い今の時代、長期のビジョンを決めるのはなかなか困難なことです。五年後、日本経済も、あなたの会社も、どうなっているか分かりません。ではどうすれば良いか。

「まず月間目標を立てる」というのが、私が自信を持ってお勧めできる現実的な方法です。

私も、今でも立てています。月ごとに目標を設定して、クリアしていくわけです。簡単な目標でも、クリアすれば「達成感」が得られます。それが喜びとなって、次の**少し難度の高い目標にトライする習慣がつく**のです。

一カ月先までの目標なら、誰でも比較的簡単に立てられるでしょう。毎月一日に、その月の目標を考えて手帳に書いてください。

ここで大切なのは、月間の目標を必ず「二種類」立てること。一つは「仕事関係の目標」、もう一つは「プライベートの目標」です。

目標はなるべく具体的に、達成が十分に可能だと自分で思うものにしてください。「仕事関係」なら、「ビジネス書を二冊熟読する」「始業の三十分前に会社に着いて準備をする」。プライベートなら、「家族と二回外食をする」「美術館や博物館に行く」といった具合です。

とくに仕事の場合、私が目標とするのは、**仕事の本質に関わる勉強をすることです。目の前の仕事をこなすのではなく、その仕事の本質、たとえば、営業職ならマーケティングの基本理論、経理をやっている人なら財務諸表論といった、ＯＪＴ（オン・ザ・ジョブ・トレーニング）ではなかなか学べないことを勉強することを目標にしています。**

私の場合なら、経済学や金融論、あるいはドラッカーのマネジメントなどの優れた本を読むことなどを月間目標にすることが多いです。

ときには実現できない場合もあります。それでも八割をクリアすれば、一年に約二十個、五年で約百個クリアできます。できなくても、毎月反省して新たな目標を設定し、それに挑戦していくことが大切です。

これを五年、十年と積み重ねた人には、そうでない人には太刀打ちできない実力が、間違いなくついています。

◎報われる人の習慣13

まず月間目標を立てる

memo

この章で気づいたこと

✕ 間違っていた習慣

⇨

◎ 今後身につけたい習慣

第7講

「リスク」についての間違った習慣

×リスクをとらない方が、大コケしないから安心だ

「リスクをとらなければ失敗する心配をしなくてすむ。不安な時代だから、安全運転がなにより」と言う人がいます。本当でしょうか？

確かに、若い頃の仕事は、与えられる仕事が大半で、それも右から左にこなしていくものが中心ですから、リスクを避けて通っていてもやっていくことができます。しかし、**リスクを回避することに慣れてしまうと、年を重ねてからが大変です。大きなリスクのある仕事や局面に直面したときに、対応できなくなってしまうのです。**

興味深いことに、**失敗を怖がる人というのは、大きな失敗をすることが少なくありません。小さなリスクをとらないからなのです。**

一方、普段から小さいリスクをたくさんとっている、つまり小さい勝負をかけていれば、やがてその中から大きく成功するものが出てくるでしょう。ほかの小さな失敗は、すべて帳消しになって、お釣りがくるわけです。

ところが、慎重すぎて小さな失敗も怖がっている人は、リスクから逃げるだけで、小さい勝負もかけません。しかし、**人生ずっとそのままでというわけにはいきません。小さい**

リスクをとらない分、必ず、どこかで大きなリスクをとらざるをえない場面が出てきます。そういうときに、リスクをとる訓練をしていないから、大失敗してしまうのです。

小失敗を怖がることで大失敗を招くわけです。もしかすると、運よく大きなリスクをとらずに人生を終えるケースがあるかもしれません。しかしその場合、当然ながらリターンも小さいです。リスクをとらなければリターンはありえないからです。

日頃から小さなリスクをとるということは、小さな環境変化に常に対応しているということでもあります。それにより、大きなリスクを避けているとも言えます。

世間には、「大きいリスクをとらないと成功しない」という誤解があるようですが、それでは大失敗する危険性があります。そうではなく、**小さなリスクをきちんととって挑戦し続けていると、大きなリスクをとらなくても成功できるのです。**

ものごとは、やってみないと分かりません。そして、やってみると、失敗は意外と早くやってくるものです。その場合、リスクのとり方さえ間違えなければ、結果が早く出た方がいいのです。「小失敗」をしたとしても、すぐに態勢を立て直して「次」にとりかかれて、**先にある成功を早く手繰《たぐ》り寄せることができるからです。**

◎報われる人の習慣7

小さなリスクをとり続ける

✕ リスクをとってまで変わりたくない

そこそこ順調な生活を送れていたら、人はあえて変わろうとはしないものです。しかし、社会環境が大きく変化している現在、そうは言っていられません。

それは企業でも同じことです。良いお手本が、三菱商事や三井物産といった商社です。私が就職した当時、商社は「冬の時代」と言われていました。それまでのメイン業務だった仲介業務が時代遅れになってしまったのです。海外と取引するメーカーは、すでに自分たちの力で海外進出しはじめていました。

ところが現在では、両社とも当時の十倍の利益を上げています。理由は、冬の時代における変化でした。商社は、ネットワークや財務力を生かして投資会社に生まれ変わったのです。

以前の商社は売上高は大きかったものの、百億円単位の利益が出れば御の字でした。それに対して現在の利益は数千億円。この金額は、仲介業務では絶対に稼げなかったでしょう。あのとき、一歩踏み込んでいなければ、今頃、商社は消滅していたかもしれません。

このエピソードが教えるのは、余力があるうちに変わることの大切さです。

対照的に、変わろうとしないで消え去りつつあるのが、大半の地方の百貨店です。今や、インターネットが普及して、お客様の方が情報を持っています。新幹線や高速道路などの交通網も発達しています。さらに、有力な地方都市には、東京や大阪の大手百貨店が進出しつつあります。地方百貨店を取り巻く環境は、根本から変わっているのです。

そうした環境の変化にもかかわらず、何もしないで経済が縮小する地方でデンと構えている百貨店の中にはすでに消え去ったところも少なくありません。

かつては変わることがリスクでしたが、今の時代は、変わらないことが一番のリスクなのです。変わるということは、環境に対応するということなのです。おそらく、変わらなくてはいけないと考えている人はたくさんいるでしょう。しかし、変わらない環境に慣れきってしまって、どうすればよいのか分からないのだと思います。**「変わり方を知らない」**のです。

これはビジネスパーソンにとっても大きな教訓になります。いくら課長や部長になっても、現状に安住して向上心を持たない人は、殿様商売をしていた地方百貨店と同じ状態になってしまいます。

◎報われる人の習慣2

変わらない方がリスクが高い

×とにかく変化しなくてはいけない

前項で「変わらなくてはいけない」と言いましたが、「時代が変わったのだから、とにかく大きく変わらなくてはいけない」と早とちりしてはいけません。

確かに、現在では「変わらないこと」が最大のリスクです。しかし、ここで大切なのは、「変わること」は目的でなくて、あくまでも手段だということです。ただ変わりさえすれば、それでいいというわけではありません。**環境の変化を的確に読み取って、それに自分をどう合わせるかを考えなくてはいけないのです。その際には、環境変化とともに、自分の強みや特徴をも考えなければなりません。**

ここで、和菓子の老舗《しにせ》「とらや」を例に挙げて考えてみましょう。もし、「とらや」が「日本の食生活が西洋化しているから、もう羊羹《ようかん》はやめる」と宣言したらどうでしょうか。それは、もはや「とらや」ではありません。確かに、現在でも「とらや」は六本木の東京ミッドタウンやパリの支店で洋風のお菓子を販売しています。しかし、ベースはあくまでも和菓子。洋菓子しか売らない「とらや」なんて、想像しただけで魅力がありません。

重要なのは、環境の変化に合わせて、何をどう変えるかなのです。その点、「とらや」

の戦略で私が感心したのは、羽田空港に出店したことです。羊羹は重いから持って歩くのが大変。その点、空港にあれば便利なわけです。お客様の利便性を見極めて、うまく変わった点の一つでしょう。商品を変えるのではなく、お客様から見た買う利便性を高めたのです。

何を変えて、何を変えないかをしっかり見極めることが重要なのです。ただし、少なくとも変わることが前提でないといけません。

ビジネスパーソンにとっても、この見極めは非常に重要です。ところが、言われたことをやっているだけの人は、そもそも「変わろう」という意識がありません。その状態に慣れきって、「変わる」ことを司《つかさど》る脳の神経細胞やシナプスが退化しているのかもしれません。**「指示を待って行動する」という脳の働きは発達していても、「周囲の環境をよく見極めて変化する」という部分は退化してしまっているのです。**

東京電力の幹部などは、そのよい例です。原発事故というとんでもないことが起きたのに、驚くほど変わっていません。ぬるま湯につかっていたので、変わろうという脳が退化しているとしか思えません。もって他山の石としたいものです。

◎報われる人の習慣3 変わることは目的ではなくて手段である

× 他社や異業種に転職するのはリスクが高い

環境変化が激しいこの時代、転職が当然の世の中になりましたが、「転職はリスクが高い。これまでのように仕事を回せるか心配」と尻込みをしていませんか?

結論から言えば、そうした心配は無用です。ただし、「普段からしっかりと勉強していて、本質をつかむ能力があること」が前提です。

なぜなら、**会社によって、業界によって、表面的な作業は違っていても、仕事が深くなればなるほど、本質は共通している**からです。私は十社ほどの役員をしていますが、自動車部品、アパレル、教育、ソフトウエア、介護サービス、投資ファンドなど業種はさまざまです。しかし、ビジネスの根幹ともいえる「経営」においては業種は違っても本質は同じなのです。

そもそも、ビジネスパーソンの転職は、より自分を生かせる仕事であることが大切です。新しい会社では、使い走りの仕事をするのではなく、今までより高度な業務が中心になるでしょう。本質さえ勉強していれば、どんな業種に転職しても心配はいりません。

しかし、自分で考えず、上司や先輩の言う通りにやってきた人は、そうはいきません。

応用がきかないのです。

たとえば、食品会社と繊維会社とでは、表面的な作業はまったく違いますが、**仕事の本質は、大きくは違いません。そこを勉強しておけば、どんな会社にも通用するのです。**

「小宮さんは、どうしていろいろな業種のコンサルタントをできるんですか?」と聞かれますが、私が見つけ出した「本質」を使えば、どんな会社でも活用できるわけです。

その一部を紹介すると、財務内容が悪くて、短期的に会社を立て直さないといけない場合は、コスト削減しかありません。そこでマーケティング戦略を考えている暇はありません。お金が尽きたら終わりだからです。とにかく徹底的にコスト削減するしかない。

そうして、お金が少しでも貯まりはじめたら、時間を稼ぐことができます。そこで、次のステップとして、はじめてマーケティング戦略を考えます。お客様に喜ばれる分野や商品に資源を投入して他社と差別化し、収益力を上げていくという手順をとるわけです。そして、そのためにはお客様志向の「小さな行動」を繰り返すとともに、ビジョンを再度徹底する。これが本質です。

本質の勉強は、オンザジョブだけではできません。第5講で述べたような勉強を地道に重ねていくことが大切なのです。

◎報われる人の習慣4

どんな仕事も本質は共通している

×できれば海外勤務は避けたい

もし、たった今、会社から海外勤務の打診があったら、あなたはどうしますか？

「えーっ、海外勤務なんかしたくない」という人もいるかもしれません。

「このチャンスを生かそう！」という人にこそ、将来が開けているのです。

最近では、海外勤務どころか海外旅行さえ、「面倒くさい、行きたくない」という若者が増えていると聞きます。心地よい範囲で楽に暮らしたいという傾向が強くなっているのでしょう。

でも、残念ながら、日本を取り巻く状況は甘くありません。もはや国内でのんびりしていて食える状態ではないのです。

たとえば、日本の二〇一二年の名目ＧＤＰは四百七十兆円台で、一九九一年とほとんど変わりません。それも、国債をどんどん発行して財政赤字を拡大して、ようやく二十年前と同じレベルを維持しているありさまです。

「日本で平和に働き、定年になったらのんびり暮らそう」とイメージしていても、その通りにいくかというと、とくに今の若い人には、非常に疑わしいといわざるをえません。

では、どうすればよいか？　ヒントは、日本の製造業全体の売上高の約三〇％が、すでに海外で稼がれているという事実です。早い話が、国外に出ないと稼げないのです。

若いうちに、チャンスを見つけてどんどん国外に出るべきです。海外への異動は大きな飛躍のチャンスと考えましょう。

海外での経験は、まさに他流試合。東南アジア、中国、南米、中東――文化もビジネスカルチャーもまるで違います。納期を守らない人たち、何でも「インシャラー」ですませる国民性、約束が約束にならない相手、上司の子どもが職場に平気で遊びにくる国……そういうなかで成果を出すためには、日本にいては考えられない壁に当たるでしょう。

自分を高めるこれほど素晴らしいチャンスはありません。そこで得た実践的な思考力、コミュニケーション力、問題解決力が、これからのあなたの人生を切り拓き、日本を支える力となるのです。

◎報われる人の習慣5

「国内しか知らない」ではリスクが大きすぎる

✕がつがつ働かず、のんびり暮らしたい

「失われた二十年」でGDPが伸びていないことは、前項で紹介しました。

GDP、つまり国内総生産の額が伸びなければ、当然収入も伸びません。現在の新入社員の初任給は、九〇年代初頭と同レベル。それでいて、国の借金だけが増えているのです。

このままでいいわけがないことは、誰の目にも明らかです。

GDPが伸びていないから、企業の利益が伸びていないかといえば、そんなことはないのです。GDPの数字は、国内での付加価値の合計を示すもので、海外で稼いだ分は算入されていません。

企業は海外で稼いでいるのです。

自動車メーカーなど、利益の大部分を北米と中国で稼いでいます。しかし、企業が稼いでも、国は儲かっていません。

「日本企業が儲かっていればいいじゃないか」と思うかもしれませんが、儲けた金額のかなりの部分は、現地で税金として支払っているわけです。日本国内に還元されるのは、利益の一部にすぎないのです。雇用ももちろん現地で行われるわけです。

そんな状況の中で、日本の若者が「がつがつ働かずに、のんびり暮らしたい」と言っていたらどうなるでしょうか。働かなければ給料が減るから、モノが売れなくなります。需要不足です。企業は儲からなくなって、さらに海外へ出て行ってしまうでしょう。

企業が海外へ行ってしまったら、日本国内では何が起こるでしょう？

そう、さらに**雇用が減るのです。雇用が減れば、さらなる需要不足が起こります。すると、給料が減って、さらに需要不足を起こすという悪循環になります。その結果、世界中の主要国で二〇一三年十二月現在、日本だけがデフレ傾向から脱却できないでいるわけです。**

今後、資源価格の上昇によってデフレを脱却したとしても、需要不足には変わりありません。むしろ、需要は増えずにコストだけが上がるという最悪のパターンになる恐れがあります。

そこから脱却するためには、もう一度私たちが「GREATな国」をめざすことです。

個人も企業も「GOOD」な状態で満足していては解決しません。一流の仕事をしてGREATな国をめざすしかないのです。

◎報われる人の習慣6

「GREAT」をめざさないと、のんびり暮らすこともできなくなる

× 人生で一度くらい一世一代の勝負がしたい

リスクをとらないことも問題ですが、とりすぎることも問題です。「人生で一度くらい一世一代の勝負がしたい」という人がいます。ちょっと聞くと格好いいようですが、じつはこれは、とんでもないことです。

実際に大勝負をかけた人のかなりが、大失敗に終わっているのです。

個人だったら大損して個人破産して終わり。企業だったら消えてなくなってしまうということです。どこかの社長が「社運を賭けて挑戦する」などと発言するのを聞いたことがあるでしょう。冗談じゃない、**社運なんて賭けてはいけません。**失敗したら、社員全員が路頭に迷い、お客様にも大きな迷惑をかけます。

もうお分かりだと思いますが、**社運を賭けるなんていう「超特大のバクチ」をしなくてもいいように、普段から「小さなリスク」をとって不安要素をつぶしておかないといけないのです。**

社運を賭けた勝負は、丁か半かのバクチと同じ。それはもはや経営ではありません。

「社運を賭けた挑戦が成功した」という記述をときどき見かけます。文学的な誇張の類ならいいが、本当に社運を賭けたなら、ただ運が良かっただけで、経営者としては無能だったと言っているのと同じです。

もちろん、世の中には一〇〇％確実なことなどありません。そこで、ある時点では、リスクをとって前に進まなくてはならないこともあります。考えすぎてもいけません。前項でも書いたように、リスクをとらないで待っていても、大失敗か「リターン・ゼロ」で終わってしまうからです。

では、その分岐点はどこにあるかというと、私は「七割」だと思います。そもそも、成功する確率もどれくらいかは正確には分からないものですが、七割くらい確信があればやってみればいいと思います。五分五分では心もとないし、ましてや一《いち》か八《ばち》かなどはやってはいけないことなのです。

チャレンジしても、失敗するかもしれません。

でも、**失敗の責任がとれる範囲内だったらいいのです。そうしたリスク管理をした上で、あとは七割くらいの勝算があればチャレンジして結果を待つ――これが、本当の「人事を尽くして天命を待つ」です。**丁半博打とはまったく違うのです。

◎報われる人の習慣7

一世一代の勝負をした人のほとんどが消えていなくなる

✕ 一流企業の人間は優秀だと思う

あなたは、まさか「一流企業の人間は優秀だ」と信じ込んでいませんか？

「一流企業に入るくらいだから、一流大学を出たのだろう」「頭がいいに違いない」――そう思っている人がたくさんいます。それはその通りですが、実力があるかは別問題です。潜在的な能力があったとしても、入社後に実力を磨くことを怠れば、一生二流で終わるのは当然です。事実、一流企業には二流社員がわんさかいます。

いや、一流企業――特に大企業だからこそ、二流社員が多くいると言ってもいいかもしれません。なぜなら、**大企業は、誰でもやれるしくみができているからです。いいかえれば、誰が仕事をしてもうまくいくようなしくみをつくったから大企業になったのです。**特定のスーパーマンにしかできない仕事ばかりでは、大企業にはなれません。

もちろん、そうしたしくみを最初に考案した人は優秀です。しかし、その後にやってきた人は、完成したシステムに乗るだけでいいのだから、そこそこの能力があれば十分。それなら、誰が入社してもいいようなものですが、大企業になると待遇がいいものだから競争が激しくなる。結果的に一流大学を出た勉強がある程度できた人が入ってくるわけです。

一流大学を出た人が、持ち前の能力を元にして正しい努力を続ければ、一流の社員になれることでしょう。素材は良いわけですからね。しかし、**誰でもできるしくみができている上に、待遇がいいものだから満足してしまい、努力を続けない人が多いのです。結局、一人前、つまり二流になったところでストップ。結果的に四十代、五十代になっても二流のままなのです。**

一流に達していないで他社で通用する実力もないのですから、転職したり子会社に出向してもうまくいきません。一流企業の社員が中小企業へ転職したものの、全然実力が発揮できないという話を聞きますが、それは単に実力がないからです。ないものは出ません。

もちろん、中小企業に転職して実力を発揮している人や、自分で起業してバリバリやっている人もいますが、それは努力して実力をつけたからです。イチロー選手は、草野球なら百打数百安打でしょう。

一流企業の二流社員になったら、転職しても活躍できません。そういう意味で、一流といわれる企業にいる人はリスキーなのです。年をとってみじめな結果にならないよう、一流企業に入社した人は、ぬるま湯に安住してはいけません。

◎報われる人の習慣8

一流企業が一流なのは「誰でもやれるしくみ」があるから

memo

この章で気づいたこと

× 間違っていた習慣

⇨

◎ 今後身につけたい習慣

第8講

「働き方」についての間違った習慣

× 独立するまでは自由に仕事はできない

「会社勤めだから、言われた仕事をやるしかない。もっと自由にやってみたいけど、独立しない限り、自由に仕事なんて無理」と、あきらめていませんか？

たしかに、私はサラリーマンではないので、小宮コンサルタンツでは、コンサルタント業務にとどまることなく、私自身の興味によって新しいことにチャレンジを続けています。たとえば、毎年秋に海外で研修をしているのですが、私が行きたいところにお客様をお連れして行くようになりました。毎年、梅雨どきには北海道で、冬にはグアムで研修をしていますが、私がここがベストだと思っているからです。

自分の行きたい場所に行けて、しかも会社の収益に貢献するので一石二鳥です。東京と大阪で会員企業さん向けのセミナーも年間六回ずつ行っていますが、その場所（ウェスティンホテル東京とザ・リッツ・カールトン大阪）も私の希望です。

そんな私のやり方を見て、「自由にやれていいですね」と言う人がいますが、誰だって自由にやればいいいんです。

会社勤めのままでも、自分の思うように仕事をすることは十分に可能です。

大企業、中小企業を問わず、まともな会社は積極的に新しいことにチャレンジする人を求めています。**あなたの新規事業の提案が受け入れられれば、あなたはその事業や部門のトップか、幹部になる可能性が高いわけです。**かなり自由な裁量が与えられることでしょう。新規事業でなくとも、今の仕事を工夫し効率化する提案なら、どの会社でも大歓迎でしょう。

さらに、たとえばその新規事業が国内で軌道に乗ってきたので、海外にも展開しよう、などと「自由度」はどんどん広がっていくでしょう。

会社勤めであっても、言いだしっぺになることで自分がトップ（あるいは事実上のトップ）になり、自由にできる範囲はグッと広がっていきます。

重要なのは、一歩踏み込むかどうかなのです。自分でコントロールしている意識を持つかどうかです。

もちろん、一歩踏み込むことで失敗する危険性はありますが、踏み込まない限り、成功もありませんし、仕事の自由度も高まりません。独立してから新しいことにチャレンジするのはリスクが大きいですが、会社という枠組みのなかなら、そうした心配も比較的少なくてすみます。

万一、あなたの会社が、新しい提案を求めていないとしたら、この先じり貧になっていく危険性が高いでしょう。今の時代に、「ウチは今までと同じことをやっていればいい」というのは、独占企業くらいでしょう。

今の環境、立場でも、一歩踏み込もうと思えばやれることはたくさんあるはずです。ぜひチャレンジしてほしいと思います。

◎報われる人の習慣7

会社勤めでも「言いだしっぺ」になれば自由にできる

× 休日は仕事をいっさい忘れる方がいい

「休日は、仕事をいっさい忘れたい」と言う人がいますが、威張れることではありません。

上司に指示されて機械的な仕事をやっているレベルなら、いっさい忘れた方がリフレッシュできるかもしれませんが、**一流のレベルに達して、仕事の内容が創造的なもので、仕事を忘れている人などいないと思います。仕事を好きなら仕事のことを忘れません。**

エジソンは、**「休めば錆《さ》びる」**という言葉を残しています。仕事を忘れると、錆びてしまうのです。

私の場合は、本の構想やセミナーの企画など、むしろ休暇中の方が発想が豊かになります。身体も心もリラックスしているからでしょう。

何年か前、家族でフランスを旅行していたときも、バスの車内で本の企画を二つ考えました。そんなときのために、私は常に小さな手帳を携帯して、思いついたことを書き留める習慣をつけています。

「せっかくの海外旅行の間も仕事じゃ、ストレスがたまるのでは？」と心配する人がいますが、苦になりません。むしろ、せっかく発想が浮かんでいたのに、メモできない方がストレスがたまります。仕事が好きなのです。仕事で自己実現をしたいと思っているからです。

もちろん、いくら仕事を好きだといっても、根《こん》をつめて休みなく働けばストレスはたまります。そういうときは、精神的・肉体的なバランスを保つために、しっかり休みます。

「すべて忘れたい」というのは、仕事が嫌いな状態ではないでしょうか。その状態では、仕事に打ち込めている人より高い成果は出せないでしょう。嫌いなことに打ち込める人はいません。

頭の中から完全に仕事のことを消した方が、はたして本当にリフレッシュできるのかというのも、疑わしいところです。休日に仕事のことを思い出してしまうと、まるで損をしたような気がするだけ、というのが本当のところではないでしょうか? そういう人は、残念ながら今の仕事が向いていないのかもしれませんね。

一日、仕事からまるっきり離れて仕事を忘れるというのも一つの考え方ですが、数時間テニスする、一時間だけ歩くというようなことでも私の場合はかなりリフレッシュします。そして、もちろん、その間でも、良いアイデアが浮かぶことがしばしばあります。

要は、精神状態がリラックスできるかどうかが大切で、仕事から離れていても、仕事を嫌だと思いながら、緊張状態でいるのが良くないのだと思います。

日曜日の夕方六時半からテレビで「サザエさん」が始まると憂鬱になるという、いわゆる「サザエさん症候群」というのがあるそうですが、このような人は休みにおそらく仕事のことを「積極的に」考えていない人に多いのではないかと思います。仕事から逃げたいと思っているのでしょう。

むしろ、仕事から逃げるよりも、前向きに仕事のことを考えて、そして、それ以外のときはリラックスしている方が良いアイデアも浮かび、精神状態も良いと思います。

「休日は仕事をいっさい忘れたい人」は、社会からも、会社からも忘れられる人なのです。

欧米人も、トップや本当に仕事ができる人は、休日だからといって仕事を忘れるわけではありません。要は、仕事を前向きにとらえているかどうかです。好きなことならずっと考えていても苦にならないどころか、楽しくなりますね。

◎報われる人の習慣2

休日に仕事を忘れる人は、世間から忘れられる

✕ 成功したければ、欲望は邪魔。ガマンすべし

「先輩と酒を飲みに行くたびに、いつもはしご酒になって、帰るのが夜中になってしまう」と嘆いていませんか？　若いうちは体力があるので、無茶をしがちですが、三十代後半以降になってもそれを続けていると、身体を壊してしまいます。

誰にでも欲望はあります。

では、欲望に勝つ方法はあるのでしょうか？

お勧めは、習慣の力によって「悪い欲望」を「良い欲望」に置き換える方法です。

酒の場合を例にとって説明しましょう。もしあなたが、はしご酒の夜更かしがやめられないのが悩みなら、飲みに行かない日に早く寝るようにしましょう。そして翌朝は早く起きる習慣をつけてしまえば、夜遅くまで飲んでいるのが、自然と嫌になってきます。体が、早く帰って寝ることを欲し始めるのです。

つまり、遅くまではしご酒をしたいという「悪い欲望」が、早く寝たいという「良い欲望」に置き換わったわけです。**こうなると、もう少し良い習慣を続けたくなり、さらに「早く起きて、何か有意義なことをしたい」「もっと良い仕事がしたい」という「さらに良い**

欲望」が出てくることでしょう。勝ちパターンです。**

欲望に関連して、タバコについて言いたいことがあります。最近では、禁煙・分煙が定着して、建物の外や専用の喫煙所まで行って吸うように指示されている会社がほとんどでしょう。私が思うに、そこまでされても吸う人は気の毒です。

寿命を削りながら、上司の評価も下げているからです。自分の席から喫煙所までの往復を含めて、一回で十分は仕事を中断しているでしょう。一日五回やれば五十分、月に約十八時間、年に約二百二十時間です。不在中に電話がかかってきたら、他の人に取らせ、メモまで書かせているわけです。

私が上司なら、「大変だな」と同情することは間違ってもありません。吸わない人とのバランスで考えたら、その分だけボーナスを減らすべきではと思います。肺がんのリスクを高めながら、ボーナスも減らしているのですから、成功するとかしないの話ではもはやありません。

今、このご時世で、まだタバコをやめられないというのは、間違った習慣どころか「死の習慣」です。自分の命を大切にすることがまず必要ですね。

◎報われる人の習慣3

「良い欲望」が出てくる循環に入る

✕ 情報収集のためにも、同僚との「二次会」は大切

会社帰りの、同僚との飲み会。あなたは二次会に行きますか？

二次会に行く人は、「情報収集のためにも、同僚との付き合いは大切」と屁理屈を言いますが、同じメンバーで行く限り、良い話はまず出てこないでしょう。

「付き合いが悪い」と言われるのを気にする必要はありません。**「付き合いが悪い」と思われるより、相手から「付き合いたい」と思われるレベルの人になる方が、ずっと大切です。**

私は、二次会には行きません。理由は三つ。一つは、深酒したくないから。一次会では食べたり、おしゃべりする時間も長いので、飲みすぎることはまずありませんが、**二次会以降は、腹いっぱいなので、飲むのが中心になります。**量が過ぎると、翌日に影響してしまうのです。二つ目は、食べ物のカロリーが高いこと。ナッツやチーズなどが中心になりがちだからです。三つ目、これが一番大きいのですが、時間がもったいないのです。二次会でないと情報収集ができないというような人は、一次会でもできません。ましてや、同僚から情報収集しなければならないことなどそうないはずです。一次会で帰れば家族との

時間も増やせます。

早く帰ったほうが、翌朝からの仕事の質も違ってきます。遅くまで飲んで、翌朝は二日酔いとまではいかなくとも、午前中は抑え気味というのでは、仕事のパフォーマンスがどうしても落ちます。

私は、普通二十三時半前には寝て、六時前後に起きます。休日はもう少し寝ています。どんなに忙しくても、睡眠時間はきちんととらないと、パフォーマンスが落ちます。

結構飲みに行きますが、楽しくない酒や食事はノーサンキューです。そして、一次会で十分満足して帰ります。そして、二次会の費用を一次会に回せれば、もっと良い場所で良い食事ができるはずです。**良い緊張感と、一流のポジティブな空気が満ちた空間で食事した方が良い経験を得られます。**

「場」は、人を育てるのです。

時間を大切にし、仕事の腕を上げ、その結果として高い収入を得られるという良い循環に入った人は、良いレストランに、日常的に行けるようになります。

そこで、一次会で十分楽しんで、良い気分のまま、おいしいものを食べて、良いお酒を少し飲んで帰る。さらに良い循環になるのです。

◎報われる人の習慣4
「付き合いが悪い」と思われても二次会には出ない

×「がんばったから自分にごほうび」は効果的だ

良い仕事をして世間から評価される最大のメリットは、人生のステージが上がるという点にあります。

ステージが上がれば、それまでとは世の中の、人やモノ、お金の流れがまったく違って見えるようになります。そして、同じレベルの高い視点を持っている人と、話が合うようになるので、高いレベルの人脈が広がり、第一線で活躍する優れた人たちに出会えます。また、そうした人たちとの交流によって、さらに自分の見聞が広がっていきます。まさに勝ちパターンです。

大事なのは、あるレベルをクリアする成果を出してはじめて、世間に評価されるという点です。

たとえていえば、水深の深いところから浮上していって、水面に出ると、視界が一気に開けます。しかし、水中の浅いところにいても、深いところにいても、水面上の景色はいっさい「見えない」のです。数センチの差が、まったく違った世界を見せてくれるのです。

ところが、**じつに多くの人が「もうちょっとで水面」のところで満足してしまうのです。**

確かにそのレベルでも、人並みかそれ以上の収入を得、きれいな家に住み、いい車に乗れて、子どもを私立の学校に入れられるかもしれません。

「がんばっている自分にごほうび」という言葉を聞くことがあります。がんばることはもちろん、良いことなのですが、**がんばるからには、成果、結果を出すまでがんばることが大切です。**それが本当の意味でのがんばるなのです。

がんばっているからごほうびに何かを買うというのでは、結局、何かを買うことが目的化してしまいます。そのうち、がんばらなくても買いたくなるようになります。

「結果を出す」、それも、やったかやらないかがはっきりと分かるような目標を立て、そして、それを達成したときに、本当の「ごほうび」として何かを買うということにしておく、ということが大切です。

あくまでも、その際も、何かを買うことを「目的」に仕事をするのではなく、「良い仕事」をすることを目的にすることをお忘れなく。

◎報われる人の習慣5

結果を出してからごほうびを手に入れる

× 家庭は妻(夫)に任せる

「できる人ほど仕事第一だから、家庭のことは奥さん（旦那さん）に任せっきりだろうな。私は家事や育児もやりながらだから、条件が違う」とため息をついたりしていませんか？

しかし、それは事実ではありません。私のお客様は、それぞれの分野で成功した経営者が多いのですが、**例外なく奥様（ご主人）やお子さんを大事にしています。**夫婦仲が悪いという人はあまり聞いたことがありません。家庭が乱れると、仕事に集中できないのです。

また、親しいお客様の奥様の大半に、私はお会いする機会をいただきました。なにか会合や行事があると、たいていご夫婦で出席されるからです。仕事に命を賭けていながらも、家庭を非常に大事にしていることが、そうした点からもうかがえます。

そして、奥様とのやりとりを見ていると、**しっかりと尻に敷かれているのがよく分かります。それが円満の秘訣ではないでしょうか。自分一人でここまで来たのではないと感じていて、感謝の気持ちを表現しているのです。**

私も、自分なりに家族と楽しく時間をすごしています。一五二ページで紹介した月間のプライベートの目標にも、「家族と日曜日に外食する」と記入しています。行き先は中華料理、そばなどいろいろですが、月に一回は最寄り駅にあるフランス料理店に行くのを楽しみにしています。

これには、二つ大きなメリットがあります。一つは、家事で忙しい妻に、週に一日は休んでもらえるという点。もう一つは、家族四人がゆっくりと会話できる点です。

フレンチだと、最低でも二時間は全員がそろって向かい合うことになります。これはリビングではなかなかむずかしい。**長い時間向かい合っているから出てくる話というものがあります。**普段は話す機会が少ない子どもたちからも、いろいろな話を聞くことができます。

最近は比較的手軽なフランス料理店も増えてきましたから、高いワインさえ飲まなければ、それほど敷居は高くありません。月に一回が無理なら、三カ月に一回でもいいでしょう。未婚の人ならば、恋人やパートナーと行けばいいのです。

仕事大好き人間は、放っておくと毎日が仕事だけになります。確かに自己実現するための手段の一つとして仕事があるのですが、人生そのものが幸せでないと意味がありません。

家族を放ったらかしにして、一流の仕事人になっても意味がないということを忘れてはいけません。

◎報われる人の習慣6 妻(夫)を大事にしている

memo

この章で気づいたこと

✕ 間違っていた習慣

⇨

◎ 今後身につけたい習慣

第9講

「リーダーシップ・人脈」についての間違った習慣

×「仲が良く、和気あいあい」が優れた組織だ

「優れた組織とは、メンバーの仲が良く、和気あいあいである」――この先入観が間違いであることは、一四五ページで述べた通りです。

では、なぜ和気あいあいではいけないのか？　ここではその理由を考えてみましょう。

最大の理由は、**仲が良すぎるために、一番ペースの遅い人に仕事のスピードを合わせてしまうことです。**

トップランナーも経営者もみな、一番遅い人に合わせたらどうなるでしょう？　まったくパフォーマンスが出ないのです。

もちろん、家族なら、和気あいあいは良いことです。お年寄りや末っ子に合わせた方が、絆が深まるからです。

しかし、ビジネスはそれでは発展しません。足の引っ張り合いはもちろん最悪ですが、メンバーが「切磋琢磨」している会社こそが強い組織なのです。

では「切磋琢磨する」とは、具体的にどうすればいいのでしょうか。

一例を挙げると、同僚のAさんがお客様から「良い仕事をしているね」とほめられたと

しましょう。それを聞いたBさんも、「じゃ、私もAさんを参考にして、より良い仕事をやろう」というのが切磋琢磨です。

切磋琢磨するには、それだけのレベルに達した仲間が必要です。

特に、本質を勉強する場合に、レベルの高い仲間がいることは大きなプラスになります。なぜなら、自分が本質を把握したかどうか、切磋琢磨する仲間がいることで、初めて確認できるからです。レベルの高い人同士で議論を深めることで、お互いの考えを参考にしたり、違っている点を指摘・修正できるわけです。

私は、経営コンサルタントですから、立派な経営者に多く接する機会をもつほど、当然のことながら、私の成功確率は高まります。その人たちの行動や姿を見て、自分もああなりたいと思いながら行動するからです。ときに、厳しい指摘や注意も受けます。それが、切磋琢磨です。

そう考えると、模範となるような行動をし、誤りを指摘してくれるような厳しい同僚や上司が身近にいる人はラッキーと思うべきです。「真意がよく分からない」「もっと分かりやすく説明しろ」と言ってくれる仲間がいることで、あなた自身が成長できるからです。

◎報われる人の習慣7

和気あいあいはダメ。切磋琢磨が良い

× 親しみやすい上司ほど良い

いきなりですが、「物分かりがよくて親しみやすい上司」をどう思いますか？

仕事が嫌いな人は、切磋琢磨を好まず、和気あいあいの職場を求めます。自分の実力が大したことはないので、しばしばトップランナーや上司を巻き込んで、自分と同じ位置に引きずり下ろそうとします。その方が居心地がいいからです。組織というのは、放っておくとそうした力が強くなり、徐々に競争力を失って保守化していきます。

そこに、リーダーの存在意義があります。リーダーの大切な役割の一つは、組織にあえて波風を立てること。保守化して淀《よど》んだ組織をかきまわし、組織を活性化するわけです。

今から十数年前、たまたま居合わせたサービス業の中小企業で、こんな場面に遭遇しました。社長が車でどこかの営業所へ行くと言ったところ、一人の女子社員がなれなれしく、「ちょうどよかった。社長、悪いけど、この段ボールを持って行ってよ」と友達のように声をかけたのです。

社長はなんと答えたと思いますか？　「宅配便で送ってくれ」と拒否したのです。私は、これこそリーダーにふさわしい行動だと感じました。

えてして、こういう言動をするのは、実績はふるわないがムードメーカーという人だったり、実力はないのにボス的存在の社員だったりするので、同調する社員がたくさんいる場合が多い。リーダーがしっかりしていないと、つい負けてしまいます。

たしかに、その営業所に行くのですから、車に積んでいけば「効率的」です。でも、それをしたら、社長は便利屋になってしまいます。そんなリーダーの率いる組織は、和気あいあいになって競争力を失っていくことでしょう。結局、この女性は、社長を自分のレベルに引きずり下ろそうとして失敗に終わったわけです。

当時、その会社の売り上げは十数億円程度でしたが、今では二百億円を超えて上場も果たしています。それができたのも社長のリーダーシップがあったからだと確信しています。

実力はないのに自分の存在感だけは確保したい人は、自分が向上するよりも、立場が上の人や良いパフォーマンスを出している人の足を引っ張ろうとしがちです。その方がずっと楽だからです。

リーダーや経営者は、なあなあでまるく収めていてはいけません。波風を立てて組織をかきまわすくらいでないと、組織を成長させることはできません。

◎報われる人の習慣2

リーダーは波風を立てるくらいが良い

✕ 上手に教えられる人がリーダーになれる

「リーダーは、教え方が上手でなくてはいけない」――多くの人がこう誤解しています。

でも、リーダーはティーチャーである必要はありません。教え方が上手でなくてもいいのです。リーダーは、教えることが必要ですが、**まず先頭に立って行動することが必要なのです。**

リーダーの犯す最大の過ちが、ティーチャーになってしまうことです。

あなたの会社にもこんな上司がいませんか？　部下に対して、「毎朝会社の掃除をすると良いことがあるぞ」など、どこかで聞きかじった知識を教え込もうとする人です。そして自分は言うだけで、先頭に立って行動しない。

これではティーチャーであって、リーダーではありません。

そう教えられた部下はどう反応するでしょうか。「おまえこそやれよ」と思うだけでおしまいです。

理屈では人は動きません。部下に理屈を教えるのはティーチャーであって、リーダーの役目ではありません。

リーダーとティーチャーは、根本的に違うのです。

部下に面と向かって指示だけをするのはティーチャーです。

一方、そこから一八〇度ぐるりと向きを変え、部下に背中を見せて行動を始めてこそリーダーなのです。リーダーとは、文字通りリードする人のこと。先頭に立って行動するからリーダーなのです。

リーダーは自分の背中を見せて、無言で部下を率いるのが役目です。

でも、**部下がすぐについてくると期待してはいけません。「ひょっとしたら動いてくれるかも」という程度に考えておくべきです。**理屈ばかり言って「部下がついてこない」なんてぼやいているうちは、リーダーとして三流です。

じつは、私は今の会社を始めて以来ずっと、事務所にいるときは、毎朝トイレ掃除をしています。部下に見せつけるためではなく、自分のためにも会社のためにも一番良いと思うからやっているわけです。

「ついてきてくれればいいな」という気持ちはありますが、私の信念でやっているだけですから、ついてこなくてもかまわないというスタンスです。

最近は、自己啓発本の影響なのか、社員に無理やりトイレ掃除をやらせる会社が増えているようですが、「掃除をすれば会社の業績が上向くかも」などという欲得ずくのケチな考えでやっているうちは報われません。

リーダー自身が「これをやらなきゃ自分じゃない」と思えるようになって初めて、部下がついてくる可能性が出てくるし、そもそもそこまでの信念で実行していたのなら、部下がついてこなくたって気にはならないのです。

◎報われる人の習慣3

リーダーはティーチャーとは違う。自分が先頭に立ってやる

× 大人をわざわざほめなくていい

「子供は、ほめて育てろ」とよく言いますね。

でも、相手がいい大人なら、わざわざほめると安心して努力をやめたり、人によってはつけ上がるのでは、という考えの人は要注意です。

なぜなら、人をほめるというのは、「相手の長所を評価する」ことだからです。ほめられた人は、その長所を伸ばそうとするでしょう。今の時代は、それが大事なのです。

「人材を育てる」というと、すぐに短所の矯正を連想する人がいます。

しかし、**短所を矯正したところで「普通」になるだけです。供給過剰な今の時代にあって、たいした取り柄のない「普通」では食べていけません。**

これは、個人だけでなく、企業にもいえることです。

食べていこうと思ったら、長所を生かさなくてはいけません。他の人にない長所があって初めて、評価されるからです。ですから、長所を見つけてほめることを忘れてはいけません。

相手が大人であっても、きちんとほめましょう。

人を育てていると、細かいミスが気になるものですが、致命的なことでない限り、多少目をつぶることも必要です。何でもかんでも目くじら立てて、あれがダメ、これがダメと言っていると、人間が小さくなってしまいます。何が重要なのか、相手も分からなくなってしまうのです。

成功している人は、人をほめるのが上手です。人をけなしながら、成功している人を私は知りません。ダメなことはダメときつく叱りますが、けなすことはしません。一代で会社を上場させたという人を何人か知っていますが、みんな気持ちいいほど、心から人をほめます。生かすべき人の長所が見えるからです。

人間誰しも、何かしら才能を持っているものです。それを見抜いて、うまく生かそうと考えているようです。

そうして、部下の適性に合わせて、適材適所で配置することができるからこそ、会社を成功させられるのでしょう。

ただし「ほめる」と「おだてる」は違います。ダメなところまで認めていては、人は育たないのです。

◎報われる人の習慣4

人をほめられない人はダメ

× 人を見抜くには「結果」を見ればいい

「人を評価するには、結果さえ見ればいい。プロセスまで見ると、アピール上手ばかりが得をする」と、一時期よく言われました。

しかし、この考え方は危険です。もちろん、結果が出ていることが大前提ですが、人の**本質は、結果だけでは見抜くことができません。**プロセスを見てはじめて分かることがあります。

たとえば、イチローの本質を、試合の結果だけで語って、十分といえるでしょうか？ 人の見ていないところで黙々と研究とトレーニングを重ね、進化を続けてきた「プロセス」があったからこそ、素晴らしい成績という「結果」が残せたわけです。

ところが、若い人は、脚光を浴びている人の結果ばかりを見て、そのノウハウをマネようとしがちです。それも悪くありませんが、まず見習うべきなのは、一流の人のプロセスです。どのように努力してきたか、今はどう進化しているかを見ることで、自分も一流に変わっていくヒントをつかめる可能性があるわけです。

管理職の人にとっては、若い人のプロセスを見れば、一流になるかどうか分かります。

まだ結果が出ていなくても、コツコツと正しい努力をしている人や、相手によって態度に差を付けず裏表なくコミュニケーションがとれ、良い人間関係を築けている人がいたら、その人はある時点で一線を越えて、一流のレベルに到達する可能性が高いからです。

そうして、「あいつは将来、モノになる」と見抜くのが、目利きと呼ばれる人たちです。

あなたが若い人なら、そうした目利きに見抜かれる人間をめざしましょう。それには、普段から良い人に会って、良い本を読むことが大切です。

一流の人の中身を真似することも、一つの方法です。ただ、その場合、自分から遠い世界の人は、あまり参考になりません。日常生活というプロセスが見えないので、結局、表面だけを真似することになってしまうからです。

一番良いのは、身近にいる一流の人を参考にすることです。世間で名の通った人でなくても、コツコツ努力をして、一定の領域で確かな評価を得ている人がいるはずです。

オフィスをぐるっと見回して、見習うべき人を探してみましょう。高い実績を出しているのに偉そうにしない人、誰とでも気持ちよくコミュニケーションをとっている人がいたら、その人こそ、あなたのモデルです。

◎報われる人の習慣5

プロセスと結果の両方を見れば人を見抜ける

× 人脈は肩書や地位で決まる

人脈はどうしたらつくれるのか、悩んでいる人は多いでしょう。

「人脈は肩書や地位で決まる」と思っている人もいるかもしれませんが、そんなことはありません。

肩書も地位もなくても、人脈はつくれるのです。

言うまでもないことですが、異業種交流会で名刺交換をしても人脈はできません。本人は人脈ができたと思っていても、相手はそうは思っていません。一度に何十人も名刺交換したうちの一人にすぎないからです。そんな関係の人がいくらいても、いざというときに頼りにはできません。「ただ知っている」というだけでは人脈にはならないのです。

では人脈は何で決まるか。結論は、**「あなたが差し上げられるもので決まる」**です。

相手の欲するものがあれば、すぐに人脈ができます。

「差し上げられるもの」は、お金でも人柄でも美貌でも良いのです。お金持ちに人脈があるのも、それが理由です。性格が良い人も、美人もすぐに人脈ができます。

さらに、人一倍、情報や知識を持っていることも強みになります。たとえば、外食産業について非常に詳しい、宝飾品の知識が並大抵ではないという人には、その情報を欲する人のネットワークという人脈ができるでしょう。

さらに、それらに加えて性格が良ければ鬼に金棒です。たとえば「特別な能力を持っていて、性格が良い人」なら、立派な人脈ができるわけです。

ただし、できた人脈を利用して、コネで仕事を、と色気を出すと、人間関係がおかしくなります。

できた人脈の中の人に、自分の持っているものを差し上げるといっても、無償である必要はありません。それにふさわしい対価がもらえるなら、それはそれで結構なことです。

しかし、**いったん差し上げたら、見返りを期待してはいけません。**

反対に、差し上げるものがないのに、欲しいと思っていても、それはかなわないと思った方がいいでしょう。

こう考えてくると、若い人にとって、人脈をつくる王道は、知識や仕事の腕、そして人格を「欲しがられるレベル」まで磨き上げることだといえるでしょう。

◎報われる人の習慣6

人脈は「差し上げられるもの」で決まる

memo

この章で気づいたこと

× 間違っていた習慣

⇨

◎ 今後身につけたい習慣

おわりに

ここまで本書をお読みいただいた皆さんは、正しい考え方や正しい行動というものがどういうことか、もう十分にお分かりいただけたと思います。
後は、皆さんがそれを毎日コツコツと積み重ねていくことです。

私は、仕事をしていく上で大切なことは「仕事を通じて自己実現」することだと思っています。本書でも説明しましたが、自己実現とは、なりたい自分になるということも、もちろんありますが、私はその前提として「なれる最高の自分になる」ということが大切だと思っています。

なぜ、私がそう思うのかというと、私はずっとそう考えてきたおかげで、実は、なりたいと思っていたものにほとんどなることができたのです。

経営コンサルタント、大学教授、社長、上場企業の役員、作家、テレビのコメンテーターなどです。これらに昔からなりたいと思っていましたが、なぜか幸運なことになれたのです。これは、おそらく、いつも、なれる最高の自分になろうと思いながら、毎日を過ごしていたからだと思います。

私には、自分で売り込まないというポリシーがあります。世間が認めてくれる実力があれば、自然に認められると思っているからです。逆に、世間が認めてくれないのは、自分に実力がないからだと思うようにしています。

もうひとつ、私がなりたい自分になれた大きなポイントは、多くの先輩や仲間たちから生き方を教えていただいたからです。人生の師匠である故・藤本幸邦先生はじめ多くの立派な方々から色々なことを教えていただきました。

また、論語や老子、さらには松下幸之助さんの本などからも、本当に多くのことを学ばせていただきました。これらの先人の教えなしには、今の私がなかったことは間違いありません。本書は、それらのエッセンスを書いたものであるとも言えます。

皆さんも、正しい努力とは何かを知り、それを積み重ねれば、必ずなりたい自分に近づけると思います。ぜひ、本書で学ばれた努力を積み重ねてください。

皆さんの成功を心よりお祈りしています。

なお、本書作成にあたり、青春出版社の村松基宏さんには大変にお世話になりました。彼なしにはこの本はここまで仕上がらなかったと思います。この場を借りて心よりお礼申し上げます。

小宮一慶

本書は2011年に刊行された『報われない人の9つの習慣』（青春新書プレイブックス）を改題・加筆のうえ文庫版としたものである

青春文庫

間違《まちが》いだらけの仕事《しごと》の習慣《しゅうかん》

2014年1月20日　第1刷

著　者　小《こ》宮《みや》一《かず》慶《よし》

発行者　小澤源太郎

責任編集　株式会社プライム涌光

発行所　株式会社青春出版社

〒162-0056　東京都新宿区若松町12-1

電話 03-3203-2850（編集部）

03-3207-1916（営業部）

振替番号　00190-7-98602

印刷／共同印刷

製本／フォーネット社

ISBN 978-4-413-09584-6